TRAITÉ
SUR LA
TOLÉRANCE.

M. DCC. LXIII.

TABLE DES CHAPITRES.

TRAITÉ

TRAITÉ
SUR LA
TOLÉRANCE,
A l'occasion de la mort de Jean Calas.

CHAPITRE PREMIER.

Histoire abregée de la mort de Jean Calas.

LE meurtre de *Calas*, commis dans Toulouse avec le glaive de la Justice, le 9me Mars 1762. est un des plus singuliers événemens qui méritent l'attention de nôtre âge, & de la postérité. On oublie bientôt cette foule de morts qui a péri dans des batailles sans nombre, non-seulement parce que c'est la fatalité inévitable de la guerre, mais parce que ceux qui meurent par le sort des armes, pouvaient aussi donner la mort à leurs ennemis, & n'ont point péri sans se défendre. Là où le danger & l'avantage ſont égaux, l'étonnement ceſſe, & la pitié même s'affaiblit; mais ſi un père de famille innocent eſt livré aux mains de l'erreur, ou de la paſſion, ou du fanatiſme, ſi l'accuſé n'a de défenſe que ſa vertu, ſi les arbitres de ſa vie n'ont à riſquer en l'égorgeant que de ſe tromper, s'ils peuvent tuer impunément par un arrêt; alors le cri public s'éléve, chacun craint pour ſoi-même; on voit que perſonne n'eſt en ſûreté de ſa vie devant un Tribunal érigé pour veiller ſur la vie des citoyens, & toutes les voix ſe réuniſſent pour demander vengeance.

Il s'agiſſait, dans cette étrange affaire, de religion, de ſuicide, de parricide: il s'agiſſait de ſavoir ſi un père & une mère avaient étranglé leur fils pour plaire à Dieu, ſi un frère avait étranglé ſon frère, ſi un ami avait étranglé ſon ami, & ſi les Juges avaient à ſe reprocher d'avoir fait mourir ſur la roue un père innocent, ou d'avoir épargné une mère, un frère, un ami coupables.

Jean Calas, âgé de ſoixante & huit ans, exerçait la profeſſion de négociant à Toulouſe depuis plus de quarante années, & était reconnu de tous ceux qui ont vécu avec lui pour un bon père. Il était Proteſtant, ainſi que ſa femme & tous ſes enfans, excepté un qui avait abjuré l'héréſie, & à qui le père faiſait une petite penſion. Il paraiſſait ſi éloigné de cet abſurde fanatiſme qui rompt tous les liens de la ſocieté, qu'il approuva la converſion de ſon fils *Louïs Calas*, & qu'il avait depuis trente ans chez lui une ſervante zélée Catholique, laquelle avait élevé tous ſes enfans.

Un des fils de *Jean Calas*, nommé *Marc Antoine*, était un homme de lettres : il paſſait pour un eſprit inquiet, ſombre & violent. Ce jeune homme ne pouvant réuſſir ni à entrer dans le négoce auquel il n'était pas propre, ni à être reçu avocat parce qu'il falait des certificats de Catholicité qu'il ne put obtenir, réſolut de finir ſa vie, & fit preſſentir ce deſſein à un de ſes amis : il ſe confirma dans ſa réſolution par la lecture de tout ce qu'on a jamais écrit ſur le ſuicide.

Enfin, un jour, ayant perdu ſon argent au jeu, il choiſit ce jour là même pour exécuter ſon deſſein. Un ami de ſa famille, & le ſien, nommé *Lavaiſſe*, jeune homme de dix-neuf ans, connu par la candeur & la douceur de ſes mœurs, fils d'un avocat celèbre de Toulouſe, était arrivé * de Bordeaux la veille; il ſoupa par hazard chez les *Calas*. Le père, la mère, *Marc Antoine* leur fils ainé, *Pierre* leur ſecond fils, mangèrent enſemble. Après le ſouper on ſe retira dans un petit ſallon; *Marc Antoine* diſparut: enfin, lorſque le jeune *Lavaiſſe* voulut partir, *Pierre Calas* & lui étant deſcendus, trouvèrent en bas auprès du magazin, *Marc Antoine* en chemiſe, pendu à une porte, & ſon habit plié ſur le comptoir; ſa chemiſe n'était pas ſeulement dérangée; ſes cheveux étaient bien peignés: il n'avait ſur ſon corps aucune playe, aucune meurtriſſure. *a*)

On paſſe ici tous les détails dont les avocats ont rendu compte: on ne décrira point la douleur & le déſeſpoir du père & de la mère: leurs cris furent entendus des voiſins. *Lavaiſſe* & *Pierre Calas* hors d'eux mêmes coururent chercher des Chirurgiens & la Juſtice.

Pendant qu'ils s'acquittaient de ce devoir, pendant que le père & la mère étaient dans les ſan-

* 12. Octobre 1761.

a) On ne lui trouva après le tranſport du cadavre à l'hôtel de ville qu'une petite égratignure au bout du nez, & une petite tache ſur la poitrine, cauſés par quelque inadvertance dans le tranſport du corps.

glots & dans les larmes, le peuple de Toulouſe s'attroupait autour de la maiſon. Ce peuple eſt ſuperſtitieux & emporté; il regarde comme des monſtres ſes frères qui ne ſont pas de la même religion que lui. C'eſt à Toulouſe qu'on remercia Dieu ſolemnellement de la mort de *Henri trois*, & qu'on fit ſerment d'égorger le premier qui parlerait de reconnaître le grand, le bon *Henri quatre*. Cette ville ſolemniſe encor tous les ans par une proceſſion & par des feux de joie, le jour où elle maſſacra quatre mille citoyens hérétiques il y a deux ſiécles. En vain ſix arrêts du Conſeil ont défendu cette odieuſe fête, les Toulouſains l'ont toujours célébrée comme les jeux floraux.

Quelque fanatique de la populace s'écria que *Jean Calas* avait pendu ſon propre fils *Marc Antoine*. Ce cri répété fut unanime en un moment; d'autres ajoutèrent que le mort devait le lendemain faire abjuration, que ſa famille & le jeune *Lavaiſſe* l'avaient étranglé, par haine contre la Religion Catholique; le moment d'après on n'en douta plus; toute la Ville fut perſuadée que c'eſt un point de Religion chez les Proteſtans, qu'un père & une mère doivent aſſaſſiner leur fils, dès qu'il veut ſe convertir.

Les esprits une fois émus ne s'arrêtent point. On imagina que les Protestans du Languedoc s'étaient assemblés la veille, qu'ils avaient choisi à la pluralité des voix un boureau de la secte, que le choix était tombé sur le jeune *Lavaisse*; que ce jeune homme en vingt-quatre heures avait reçu la nouvelle de son élection, & était arrivé de Bordeaux pour aider *Jean Calas*, sa femme & leur fils *Pierre*, à étrangler un ami, un fils, un frère.

Le Sr. *David*, Capitoul de Toulouse, excité par ces rumeurs, & voulant se faire valoir par une prompte exécution, fit une procédure contre les règles & les ordonnances. La famille *Calas*, la servante Catholique, *Lavaisse* furent mis aux fers.

On publia un monitoire non moins vicieux que la procédure. On alla plus loin. *Marc Antoine Calas* était mort calviniste; & s'il avait attenté sur lui-même, il devait être traîné sur la claye: on l'inhuma avec la plus grande pompe dans l'Eglise St. Etienne, malgré le Curé qui protestait contre cette profanation.

Il y a dans le Languedoc quatre confréries de pénitens, la blanche, la bleue, la grise, & la noire. Les confrères portent un long capuce avec un masque de drap percé de deux trous pour laisser la vue libre : ils ont voulu engager Mr. le Duc de *Fitz-James*, Commandant de la Province, à entrer dans leur corps, & il les a refusés. Les confréres blancs firent à *Marc Antoine Calas* un service solemnel comme à un Martyr. Jamais aucune Eglise ne célébra la fête d'un Martyr véritable avec plus de pompe ; mais cette pompe fut terrible. On avait élevé au dessus d'un magnifique catafalque, un squelette qu'on faisait mouvoir, & qui représentait *Marc Antoine Calas*, tenant d'une main une palme, & de l'autre la plume dont il devait signer l'abjuration de l'hérésie, & qui écrivait en effet l'arrêt de mort de son père.

Alors il ne manqua plus au malheureux qui avait attenté sur soi-même que la canonisation ; tout le peuple le regardait comme un saint ; quelques-uns l'invoquaient, d'autres allaient prier sur sa tombe, d'autres lui demandaient des miracles, d'autres racontaient ceux qu'il avait faits. Un moine lui arracha quelques dents pour avoir des reliques durables. Une dévote un peu sourde, dit qu'elle avait entendu le son des cloches. Un prêtre apoplectique fut guéri après avoir pris de l'émétique. On dressa des verbaux de ces prodiges. Celui qui écrit cette rélation, possède une attestation qu'un jeune homme de Toulouse est devenu fou pour avoir prié plusieurs nuits sur le tombeau du nouveau saint, & pour n'avoir pu obtenir un miracle qu'il implorait.

Quelques Magistrats étaient de la confrérie des pénitens blancs. Dès ce moment la mort de *Jean Calas* parut infaillible.

Ce qui surtout prépara son supplice, ce fut l'approche de cette fête singulière que les Toulousains célèbrent tous les ans en mémoire d'un massacre de quatre mille Huguenots; l'année 1762. était l'année séculaire. On dressait dans la ville l'apareil de cette solemnité : cela même allumait encor l'imagination échaufée du peuple : on disait publiquement que l'échafaut sur lequel on rouerait les *Calas* serait le plus grand ornement de la fête ; on disait que la Providence amenait elle-même ces victimes pour être sacrifiées à nôtre sainte Religion. Vingt personnes ont entendu ces discours, & de plus violens encore. Et c'est de nos jours! & c'est dans un tems où la philosophie a fait tant de progrès ! & c'est lorsque cent Académies écrivent pour inspirer la douceur des mœurs ! Il semble que le fanatisme indigné depuis peu des succès de la raison, se débatte sous elle avec plus de rage.

Treize Juges s'assemblèrent tous les jours pour terminer le procès. On n'avait, on ne pouvait avoir aucune preuve contre la famille; mais la Religion trompée tenait lieu de preuve. Six Juges persistèrent longtems à condamner *Jean Calas*, son fils, & *Lavaisse* à la roue, & la femme de *Jean Calas* au bucher. Sept autres plus moderés voulaient au moins qu'on examinat. Les débats furent réïtérés & longs. Un des Juges, convaincu de l'innocence des accusés, & de l'impossibilité du crime, parla vivement en leur faveur; il opposa le zèle de l'humanité au zèle de la sévérité; il devint l'avocat public des *Calas* dans toutes les maisons de Toulouse, où les cris continuels de la religion abusée demandaient le sang de ces infortunés. Un autre Juge connu par sa violence parlait dans la ville avec autant d'emportement contre les *Calas*, que le premier montrait d'empressement à les défendre. Enfin l'éclat fut si grand, qu'ils furent obligés de se recuser l'un & l'autre ; ils se retirèrent à la campagne.

Mais par un malheur étrange, le Juge favorable aux *Calas* eut la délicatesse de persister dans sa récusation, & l'autre revint donner sa voix contre ceux qu'il ne devait point juger : ce fut cette voix qui forma la condamnation à la roue ; car il y eut huit voix contre cinq, un des six Juges opposés ayant à la fin, après bien des contestations, passé au parti le plus sévère.

Il semble que quand il s'agit d'un parricide, & de livrer un père de famille au plus affreux supplice, le jugement devrait être unanime, parce que les preuves d'un crime si inouï *b*) devraient être d'une évidence sensible à tout le monde : le moindre doute dans un cas pareil,

b) Je ne connais que deux exemples de péres accusés dans l'histoire d'avoir assassiné leurs fils pour la Religion : le premier est du père de *Sainte Barbara*, que nous nommons *Ste. Barbe.* Il avait commandé deux fenêtres dans sa salle de bains : *Barbe* en son absence en fit une troisiéme en l'honneur de la Sainte Trinité : elle fit *du bout du doigt* le signe de la croix sur des colonnes de marbre, & ce signe se grava profondément dans les colonnes. Son père en colère courut après elle l'épée à la

doit suffire pour faire trembler un Juge qui va signer un arrêt de mort. La faiblesse de nôtre raison, & l'insuffisance de nos loix se font sentir tous les jours; mais dans quelle occasion en découvre t-on mieux la misère que quand la prépondérance d'une seule voix fait rouer un citoyen? Il falait dans Athènes cinquante voix au-delà de la moitié pour oser prononcer un jugement de mort. Qu'en résulte-t-il? ce que nous savons très inutilement, que les Grecs étaient plus sages & plus humains que nous.

Il paraissait impossible que *Jean Calas*, vieillard de soixante-huit ans, qui avait depuis longtems les jambes enflées & faibles, eût seul étranglé & pendu un fils âgé de vingt-huit ans, qui était d'une force au dessus de l'ordinaire;

main, mais elle s'enfuit à travers une montagne, qui s'ouvrit pour elle. Le père fit le tour de la montagne, & rattrapa sa fille; on la fouetta toute nue, mais Dieu la couvrit d'un nuage blanc; enfin son père lui trancha la tête. Voilà ce que raporte la fleur des Saints.

Le second exemple est du Prince *Hermenegilde*. Il se révolta contre le Roi son père, lui donna bataille en 584. fut vaincu & tué par un officier: on en a fait un martyr, parce que son père était Arien.

il falait absolument qu'il eût été assisté dans cette exécution par sa femme, par son fils *Pierre Calas*, par *Lavaisse*, & par la servante. Ils ne s'étaient pas quittés un seul moment le soir de cette fatale avanture. Mais cette supposition était encor aussi absurde que l'autre : car comment une servante zélée Catholique aurait-elle pu souffrir que des Huguenots assassinassent un jeune homme élevé par elle, pour le punir d'aimer la Religion de cette servante? Comment *Lavaisse* serait-il venu exprès de Bordeaux pour étrangler son ami dont il ignorait la conversion prétendue? Comment une mère tendre aurait-elle mis les mains sur son fils? Comment tous ensemble auraient-ils pu étrangler un jeune homme aussi robuste qu'eux tous, sans un combat long & violent, sans des cris affreux qui auraient appellé tout le voisinage, sans des coups réitérés, sans des meurtrissures, sans des habits déchirés?

Il était évident que si le parricide avait pu être commis, tous les accusés étaient également coupables, parce qu'ils ne s'étaient pas quittés d'un moment; il était évident qu'ils ne l'étaient pas; il était évident que le père seul ne pouvait l'être ; & cependant l'arrêt condamna ce père ſeul à expirer ſur la roue.

Le motif de l'arrêt était auſſi inconcevable que tout le reſte. Les Juges qui étaient décidés pour le ſupplice de *Jean Calas* perſuadèrent aux autres que ce vieillard faible ne pourait réſiſter aux tourmens, & qu'il avouerait ſous les coups des boureaux ſon crime & celui de ſes complices. Ils furent confondus, quand ce vieillard, en mourant ſur la roue, prit Dieu à témoin de ſon innocence, & le conjura de pardonner à ſes Juges.

Ils furent obligés de rendre un ſecond arrêt contradictoire avec le premier, d'élargir la mère, ſon fils *Pierre*, le jeune *Lavaiſſe* & la ſervante : mais un des Conſeillers leur ayant fait ſentir que cet arrêt démentait l'autre, qu'ils ſe condamnaient eux-mêmes, que tous les accuſés ayant toujours été enſemble dans le tems qu'on ſuppoſait le parricide, l'élargiſſement de tous les ſurvivans prouvait invinciblement l'innocence du père de famille exécuté. Ils prirent alors le parti de bannir *Pierre Calas* ſon fils. Ce banniſſement ſemblait auſſi inconſéquent, auſſi abſurde que tout le reſte : car *Pierre Calas* était coupable ou innocent du parricide ; s'il était coupable, il falait le rouer comme son père ; s'il était innocent, il ne falait pas le bannir. Mais les Juges effrayés du supplice du père, & de la pieté attendrissante avec laquelle il était mort, imaginèrent sauver leur honneur en laissant croire qu'ils faisaient grace au fils ; comme si ce n'eût pas été une prévarication nouvelle de faire grace ; & ils crurent que le bannissement de ce jeune homme pauvre, & sans appui, étant sans conséquence, n'était pas une grande injustice, après celle qu'ils avaient eu le malheur de commettre.

On commença par menacer *Pierre Calas* dans son cachot, de le traiter comme son père s'il n'abjurait pas sa Religion. C'est ce que ce jeune homme *c*) atteste par serment.

Pierre Calas, en sortant de la ville, rencontra un Abbé convertisseur, qui le fit rentrer dans Toulouse ; on l'enferma dans un couvent de Dominicains, & là on le contraignit à remi-

c) Un Jacobin vint dans mon cachot, & me menaça du même genre de mort, si je n'abjurais pas : c'est ce que j'atteste devant Dieu, 23. Juillet *1762*.

Pierre Calas.

plir toutes les fonctions de la Catholicité ; c'était en partie ce qu'on voulait, c'était le prix du sang de son père ; & la Religion qu'on avait cru venger, semblait satisfaite.

On enleva les filles à la mère ; elles furent enfermées dans un couvent. Cette femme presque arrosée du sang de son mari, ayant tenu son fils aîné mort entre ses bras, voyant l'autre banni, privée de ses filles, dépouillée de tout son bien, était seule dans le monde, sans pain, sans espérance, & mourante de l'excès de son malheur. Quelques personnes ayant examiné murement toutes les circonstances de cette avanture horrible, en furent si frapées, qu'elles firent presser la Dame *Calas*, retirée dans une solitude, d'oser venir demander justice aux pieds du Trone. Elle ne pouvait pas alors se soutenir, elle s'éteignait ; & d'ailleurs étant née Anglaise, transplantée dans une province de France dès son jeune âge, le nom seul de la ville de Paris l'effrayait. Elle s'imaginait que la capitale du Royaume devait être encor plus barbare que celle de Toulouse. Enfin le devoir de venger la mémoire de son mari l'emporta sur sa faiblesse. Elle arriva à Paris prête d'expirer. Elle fut étonnée d'y trouver de l'accueil, des ſecours & des larmes.

La raiſon l'emporte à Paris ſur le fanatiſme, quelque grand qu'il puiſſe être ; au lieu qu'en province le fanatiſme l'emporte preſque toujours ſur la raiſon.

Mr. *De Beaumont*, célèbre avocat du Parlement de Paris, prit d'abord ſa défenſe, & dreſſa une conſultation qui fut ſignée de quinze avocats. Mr. *Loiſeau*, non moins éloquent, compoſa un mémoire en faveur de la famille. Mr. *Mariette* avocat au Conſeil, dreſſa une requête juridique, qui portait la conviction dans tous les eſprits.

Ces trois généreux défenſeurs des loix & de l'innocence abandonnèrent à la veuve le profit des éditions de leurs plaidoiers. *d*) Paris & l'Europe entiére s'émurent de pitié, & demandèrent juſtice avec cette femme infortunée. L'arrêt fut prononcé par tout le public longtems avant qu'il pût être ſigné par le Conſeil.

La pitié pénétra juſqu'au Miniſtère, malgré le

d) On les a contrefaits dans pluſieurs villes & la dame *Calas* a perdu le fruit de cette généroſité.

le torrent continuel des affaires, qui souvent exclut la pitié, & malgré l'habitude de voir des malheureux, qui peut endurcir le cœur encor davantage. On rendit les filles à la mère. On les vit toutes trois couvertes d'un crêpe & baignées de larmes, en faire répandre à leurs Juges.

Cependant cette famille eut encor quelques ennemis, car il s'agissait de Religion. Plusieurs personnes qu'on appelle en France *dévotes e)* dirent hautement qu'il valait bien mieux laisser rouer un vieux Calviniste innocent, que d'exposer huit Conseillers de Languedoc à convenir qu'ils s'étaient trompés : on se servit même de cette expression : „ Il y a plus de Magistrats „ que de *Calas* : & on inférait de là que la famille *Calas* devait être immolée à l'honneur de la Magistrature. On ne songeait pas que l'honneur des Juges consiste comme celui des autres hommes à réparer leurs fautes. On ne croit pas en France que le Pape assisté de ses Cardinaux soit infaillible : on pourrait croire de même que huit Juges de Toulouse ne le sont pas. Tout le reste

e) *Dévot* vient du mot Latin *devotus*. Les *devoti* de l'ancienne Rome étaient ceux qui se dévouaient pour le salut de la République; c'étaient les *Curtius*, les *Décius*,

des gens senſés & deſintéreſſés diſaient que l'arrêt de Toulouſe ſerait caſſé dans toute l'Europe, quand même des conſidérations particuliéres empêcheraient qu'il fût caſſé dans le Conſeil.

Tel était l'état de cette étonnante avanture, lorſqu'elle a fait naître à des perſonnes impartiales, mais ſenſibles, le deſſein de préſenter au public quelques réflexions ſur la tolérance, ſur l'indulgence, ſur la commiſération, que l'Abbé *Houteville* appelle *Dogme monſtrueux*, dans ſa déclamation empoulée & erronée ſur des faits, & que la raiſon appelle l'appanage de la nature.

Ou les Juges de Toulouſe entraînés par le fanatiſme de la populace ont fait rouer un père de famille innocent, ce qui eſt ſans exemple; ou ce père de famille & ſa femme ont étranglé leur fils aîné, aidés dans ce parricide par un autre fils & par un ami, ce qui n'eſt pas dans la nature. Dans l'un ou dans l'autre cas l'abus de la Religion la plus ſainte a produit un grand crime. Il eſt donc de l'intérêt du genre humain d'examiner ſi la Religion doit être charitable ou barbare.

CHAPITRE II.

Conséquences du supplice de Jean Calas.

SI les pénitens blancs furent la cause du supplice d'un innocent, de la ruine totale d'une famille, de sa dispersion, & de l'opprobre qui ne devrait être attaché qu'à l'injustice, mais qui l'est au supplice; si cette précipitation des pénitens blancs à célébrer comme un saint, celui qu'on aurait dû trainer sur la claie, a fait rouer un père de famille vertueux; ce malheur doit sans doute les rendre pénitens en effet pour le reste de leur vie: eux & les juges doivent pleurer, mais non pas avec un long habit blanc, & un masque sur le visage qui cacherait leurs larmes.

On respecte toutes les confréries; elles sont édifiantes; mais quelque grand bien qu'elles puissent faire à l'Etat, égale-t-il ce mal affreux qu'elles ont causé? Elles semblent instituées par le zèle qui anime en Languedoc les Catholiques contre ceux que nous nommons Huguenots. On dirait qu'on a fait vœu de haïr ses frères ; car nous avons assez de religion pour haïr & persécuter, nous n'en avons pas assez pour aimer & pour secourir. Et que serait-ce, si ces confréries étaient gouvernées par des entousiastes, comme l'ont été autrefois quelques congrégations des artisans & des *Messieurs*, chez lesquels on réduisait en art & en système l'habitude d'avoir des visions, comme le dit un de nos plus éloquens & savans Magistrats? Que serait-ce si on établissait dans les confréries ces chambres obscures, apellées chambres de méditation, où l'on faisait peindre des diables armés de cornes & de griffes, des gouffres de flammes, des croix & des poignards, avec le saint nom de JESUS au-dessus du tableau? Quel spectacle pour des yeux déja fascinés, & pour des imaginations aussi enflammées que soumises à leurs directeurs!

Il y a eu des tems, on ne le sait que trop, où des confréries ont été dangereuses. Les frérots, les flagellans ont causé des troubles. La Ligue commença par de telles associations. Pourquoi se distinguer ainsi des autres citoyens? s'en croyait-on plus parfait? cela même est une insulte au reste de la nation. Voulait-on que tous les chrétiens entraſſent dans la confrérie? Ce ſerait un beau ſpectacle que l'Europe en capuchon & en maſque, avec deux petits trous ronds au devant des yeux! Penſe-t-on de bonne foi que Dieu préfère cet acoutrement à un juſt'au-corps? Il y a bien plus; cet habit eſt un uniforme de controverſiſtes, qui avertit les adverſaires de ſe mettre ſous les armes; il peut exciter une eſpèce de guerre civile dans les eſprits, & elle finirait peut-être par de funeſtes excès, ſi le Roi & ſes Miniſtres n'étaient auſſi ſages que les fanatiques ſont inſenſés.

On ſait aſſez ce qu'il en a coûté depuis que les Chrêtiens diſputent ſur le dogme; le ſang a coulé, ſoit ſur les échaffauts, ſoit dans les batailles, dès le quatriéme ſiécle juſqu'à nos jours. Bornons nous ici aux guerres & aux horreurs que les querelles de la réforme ont excitées, & voyons quelle en a été la ſource en France. Peut-être un tableau racourci & fidèle de tant de calamités ouvrira les yeux de quelques perſonnes peu inſtruites, & touchera des cœurs bien faits.

CHAPITRE III.

Idée de la Réforme du ſeiziéme ſiécle.

LOrſqu'à la renaiſſance des lettres, les eſprits commencèrent à s'éclairer, on ſe plaignit généralement des abus ; tout le monde avoüe que cette plainte était légitime.

Le Pape *Alexandre VI.* avait acheté publiquement la tiare, & ſes cinq bâtards en partageaient les avantages. Son fils, le Cardinal Duc de *Borgia*, fit périr, de concert avec le Pape ſon père, les *Vitelli*, les *Urbino*, les *Gravina*, les *Oliveretto*, & cent autres Seigneurs, pour ravir leurs domaines. *Jules II.* animé du même eſprit, excommunia *Louïs XII.*, donna ſon Royaume au premier occupant, & lui-même le caſque en tête, & la cuiraſſe ſur le dos, mit à feu & à ſang une partie de l'Italie. *Léon X.* pour payer ſes plaiſirs, trafiqua des indulgences, comme on vend des denrées dans un marché public. Ceux qui s'élevèrent contre tant de brigandages, n'avaient du moins aucun tort dans la morale ;

voyons s'ils en avaient contre nous dans la politique.

Ils disaient que JESUS-CHRIST n'ayant jamais exigé d'annates, ni de réserves, ni vendu des dispenses pour ce monde, & des indulgences pour l'autre, on pouvait se dispenser de payer à un Prince étranger le prix de toutes ces choses. Quand les annates, les procès en Cour de Rome, & les dispenses qui subsistent encor aujourd'hui, ne nous couteraient que cinq cent mille francs par an, il est clair que nous avons payé depuis *François I.* en deux cent cinquante années cent vingt millions; & en évaluant les différens prix du marc d'argent, cette somme en compose une d'environ deux cent cinquante millions d'aujourd'hui. On peut donc convenir sans blasphème, que les hérétiques en proposant l'abolition de ces impôts singuliers, dont la postérité s'étonnera, ne faisaient pas en cela un grand mal au Royaume, & qu'ils étaient plutôt bons calculateurs que mauvais sujets. Ajoutons qu'ils étaient les seuls qui sussent la langue Grecque, & qui connussent l'antiquité. Ne dissimulons point que malgré leurs erreurs, nous leur devons le dévelopement de l'esprit humain, longtems enſeveli dans la plus épaiſſe barbarie.

Mais comme ils niaient le Purgatoire, dont on ne doit pas douter, & qui d'ailleurs raportait beaucoup aux moines; comme ils ne révéraient pas des reliques qu'on doit révérer, mais qui raportaient encor davantage; enfin, comme ils attaquaient des dogmes très reſpectés, (*a*) on ne leur répondit d'abord qu'en les faiſant brûler. Le Roi qui les protégeait, & les ſoudoyait en Allema-

a) Ils renouvellaient le ſentiment de *Bérenger* ſur l'Euchariſtie; ils niaient qu'un corps pût être en cent mille endroits différens, même par la toute-puiſſance divine; ils niaient que les attributs puſſent ſubſiſter ſans ſujet; ils croyaient qu'il était abſolument impoſſible que ce qui eſt pain & vin aux yeux, au goût, à l'eſtomach, fût anéanti dans le moment même qu'il exiſte; ils ſoutenaient toutes ces erreurs condamnées autrefois dans *Bérenger*. Ils ſe fondaient ſur pluſieurs paſſages des premiers Pères de l'Egliſe, & ſurtout de *St. Juſtin*, qui dit expreſſément dans ſon dialogue contre *Typhon*; » L'oblation de fine farine eſt la figure de l'Euchariſtie, » que JESUS-CHRIST nous ordonne de faire en mé» moire de ſa paſſion. « *καὶ ἡ τῆς σεμιδάλεως* &c. *τύπος ἦν τοῦ ἄρτου τῆς εὐχαριστίας, ὃν εἰς ἀνάμνησιν τοῦ πάθους* &c. *Ἰησοῦς Χριστὸς ὁ κύριος ἡμῶν παρέδωκε ποιεῖν.*

Ils rapellaient tout ce qu'on avait dit dans les premiers

gne, marcha dans Paris à la tête d'une procesſion, après laquelle on exécuta pluſieurs de ces malheureux; & voici quelle fut cette exécution. On les ſuſpendait au bout d'une longue poutre qui joüait en baſcule ſur un arbre de bout; un grand feu était allumé ſous eux, on les y plongeait, & on les relevait alternativement; ils éprouvaient les tourmens & la mort par degrés, juſqu'à-ce qu'ils expiraſſent par le plus long & le plus

ſiécles contre le culte des reliques; ils citaient ces paroles de *Vigilantius*: » Eſt-il néceſſaire que vous reſpec-
» tiez, ou même que vous adoriez une vile pouſſiére?
» les ames des martyrs aiment-elles encor leurs cendres?
» Les coutumes des idolâtres ſe ſont introduites dans
» l'Egliſe; on commence à allumer des flambeaux en
» plein midi; nous pouvons pendant notre vie prier les
» uns pour les autres; mais après la mort, à quoi ſer-
» vent ces priéres?

Mais ils ne diſaient pas combien *St. Jérome* s'était élevé contre ces paroles de *Vigilantius*. Enfin, ils voulaient tout rapeller aux tems Apoſtoliques, & ne voulaient pas convenir que l'Egliſe s'étant étendue & fortifiée, il avait falu néceſſairement étendre & fortifier ſa diſcipline: ils condamnaient les richeſſes, qui ſemblaient pourtant néceſſaires pour ſoutenir la majeſté du culte.

affreux ſupplice que jamais ait inventé la barbarie.

Peu de tems avant la mort de *François I.* quelques membres du Parlement de Provence, animés par des Eccléſiaſtiques contre les habitans de Mérindol & de Cabriére, demandèrent au Roi des troupes pour apuier l'exécution de dix-neuf perſonnes de ce pays condamnées par eux ; ils en firent égorger ſix mille, ſans pardonner ni au ſexe, ni à la vieilleſſe, ni à l'enfance ; ils réduiſirent trente bourgs en cendres. Ces peuples, juſqu'alors inconnus, avaient tort ſans doute d'être nés Vaudois, c'était leur ſeule iniquité. Ils étaient établis depuis trois cent ans dans des déſerts, & ſur des montagnes qu'ils avaient rendu fertiles par un travail incroyable. Leur vie paſtorale & tranquille retraçait l'innocence attribuée aux

b) Le véridique & reſpectable Préſident de *Thou* parle ainſi de ces hommes ſi innocens & ſi infortunés: *Homines eſſe qui trecentis circiter abhinc annis aſperum & incultum ſolum vectigale à dominis acceperint, quod improbo labore & aſſiduo cultu frugum ferax & aptum pecori reddiderint ; patientiſſimos eos laboris & inediæ, à litibus abhorrentes, erga egenos munificos, tributa principi & ſua jura dominis ſedulò & ſumma fide pendere ; Dei cultum*

premiers âges du monde. Les villes voiſines n'étaient connues d'eux que par le trafic des fruits qu'ils allaient vendre ; ils ignoraient les procès & la guerre ; ils ne ſe défendirent pas ; on les égorgea comme des animaux fugitifs qu'on tue dans une enceinte (*b*).

Après la mort de *François I.* Prince plus connu cependant par ſes galanteries & par ſes malheurs que par ſes cruautés, le ſupplice de mille hérétiques, ſurtout celui du Conſeiller au Parlement *Dubourg*, & enfin, le maſſacre de Vaſſy, armèrent les perſécutés, dont la ſecte s'était multipliée à la lueur des buchers, & ſous le fer des boureaux ; la rage ſuccéda à la patience ; ils imitèrent les cruautés de leurs ennemis : neuf guerres civiles remplirent la France de carnage ; une paix plus funeſte que la guerre produiſit la *St.*

aſſiduis precibus & morum innocentiam præ ſe ferre, ceterum rarò divorum templa adire, niſi ſi quando ad vicina ſuis finibus oppida mercandi aut negotiorum cauſa divertant; quò ſi quandoque pedem inferant, non dei, divorumque ſtatuis advolvi, nec cereos eis aut donaria ulla ponere; non ſacerdotes ab eis rogari ut pro ſe, aut propinquorum manibus rem divinam faciant, non cruce frontem inſigniri uti aliorum moris eſt : cùm cœlum intonat non ſe lu-

Barthelemi, dont il n'y avait aucun exemple dans les annales des crimes.

La Ligue aſſaſſina *Henri III.* & *Henri IV.* par les mains d'un frère Jacobin, & d'un monſtre qui avait été frère Feuillant. Il y a des gens qui prétendent que l'humanité, l'indulgence, & la liberté de conſcience ſont des choſes horribles; mais en bonne foi, auraient-elles produit des calamités comparables?

CHAPITRE IV.

Si la Tolérance eſt dangereuſe; & chez quels peuples elle eſt pratiquée.

QUelques-uns ont dit que ſi l'on uſaït d'une indulgence paternelle envers nos fréres errans

ſtrali aqua aſpergere, ſed ſublatis in cœlum oculis dei opem implorare; non religionis ergo peregrè proficiſci, non per vias antè crucium ſimulacra caput aperire; ſacra alio ritu, & populari lingua celebrare; non denique Pontifici aut Epiſcopis honorem deferre, ſed quoſdam è ſuo numero delectos pro antiſtitibus & doctoribus habere. Hæc uti ad Franciſcum relata VI. Eid. feb. anni &c.

Madame *de Cental*, à qui appartenait une partie des

qui prient Dieu en mauvais Français, ce ſerait leur mettre les armes à la main, qu'on verrait de nouvelles batailles de Jarnac, de Moncontour, de Coutras, de Dreux, de St. Denis &c. C'eſt ce que j'ignore, parce que je ne ſuis pas prophête; mais il me ſemble que ce n'eſt pas raiſonner conſéquemment que de dire, " Ces hom-„ mes ſe ſont ſoulevés quand je leur ai fait du „ mal, donc ils ſe ſouléveront quand je leur fe-„ rai du bien. "

J'oſerais prendre la liberté d'inviter ceux qui ſont à la tête du Gouvernement, & ceux qui ſont deſtinés aux grandes places, à vouloir bien examiner mûrement, ſi l'on doit craindre en effet que la douceur produiſe les mêmes révoltes que la cruauté a fait naître, ſi ce qui eſt arrivé dans certaines circonſtances doit arriver dans d'autres, ſi les tems,

terres ravagées, & ſur leſquelles on ne voyait plus que les cadavres de ſes habitans, demanda juſtice au Roi *Henri II.* qui la renvoya au Parlement de Paris. L'Avocat général de Provence nommé *Guerin*, principal auteur des maſſacres, fut ſeul condamné à perdre la tête; *De Thou* dit, qu'il porta ſeul la peine des autres coupables, *quod aulicorum favore deſtitueretur*, parce qu'il n'avait pas d'amis à la Cour.

l'opinion, les mœurs font toujours les mêmes?

Les Huguenots, fans doute, ont été enyvrés de fanatifme, & fouillés de fang comme nous : mais la génération préfente eft-elle auffi barbare que leurs pères? le temps, la raifon qui fait tant de progrès, les bons livres, la douceur de la focieté, n'ont-ils point pénetré chez ceux qui conduifent l'efprit de ces peuples? & ne nous apercevons-nous pas que prefque toute l'Europe a changé de face depuis environ cinquante années?

Le Gouvernement s'eft fortifié partout, tandis que les mœurs fe font adoucies. La police générale, foutenue d'armées nombreufes toujours exiftantes, ne permet pas d'ailleurs de craindre le retour de ces tems anarchiques, où des payfans Calviniftes combattaient des payfans Catholiques, enrégimentés à la hâte entre les femailles & les moiffons.

D'autres tems, d'autres foins. Il ferait abfurde de décimer aujourd'hui la Sorbonne, parce qu'elle préfenta requête autrefois pour faire bruler la *pucelle d'Orléans*; parce qu'elle déclara *Henri III.* déchu du droit de régner, qu'elle l'excommunia, qu'elle profcrivit le grand

Henri IV. On ne recherchera pas, ſans doute, les autres corps du Royaume qui commirent les mêmes excès dans ces tems de frénéſie; cela ſerait non-ſeulement injuſte, mais il y aurait autant de folie qu'à purger tous les habitans de Marſeille, parce qu'ils ont eu la peſte en 1720.

Irons-nous ſaccager Rome, comme firent les troupes de *Charles-quint*, parce que *Sixte-quint* en 1585. accorda neuf ans d'indulgence à tous les Français qui prendraient les armes contre leur Souverain ? & n'eſt-ce pas aſſez d'empêcher Rome de ſe porter jamais à des excès ſemblables ?

La fureur qu'inſpirent l'eſprit dogmatique & l'abus de la Religion Chrétienne mal entendue, a répandu autant de ſang, a produit autant de déſaſtres en Allemagne, en Angleterre, & même en Hollande, qu'en France : cependant aujourd'hui la différence des Religions ne cauſe aucun trouble dans ces Etats : le Juif, le Catholique, le Grec, le Luthérien, le Calviniſte, l'Anabatiſte, le Socinien, le Memnoniſte, le Morave & tant d'autres, vivent en frères dans ces contrées, & contribuent également au bien de la societé.

On ne craint plus en Hollande que les disputes d'un a) *Gomar* sur la prédestination fassent trancher la tête au grand Pensionnaire. On ne craint plus à Londres que les querelles des Presbytériens & des Episcopaux pour une Liturgie & pour un surplis, répandent le sang d'un Roi sur un échaffaut. b) L'Irlande peuplée & enrichie ne verra plus ses citoyens catholiques sacrifier

a) *François Gomar* était un Théologien Protestant; il soutint contre *Arminius* son collègue, que Dieu a destiné de toute éternité la plus grande partie des hommes à être brulés éternellement: ce dogme infernal fut soutenu comme il devait l'être par la persécution. Le grand Pensionnaire *Barneweldt*, qui était du parti contraire à *Gomar*, eut la tête tranchée à l'âge de 72 ans, le 13. May 1619. *pour avoir contristé au possible l'Eglise de Dieu.*

b) Un déclamateur dans l'apologie de la révocation de l'Edit de Nantes, dit en parlant de l'Angleterre, *une fausse religion devait produire nécessairement de tels fruits; il en restait un seul à meurir, ces insulaires le recueillent, c'est le mépris des nations.* Il faut avouer que l'auteur prend mal son tems pour dire que les Anglais

crifier à Dieu pendant deux mois ses citoyens protestans, les enterrer vivans, suspendre les mères à des gibets, attacher les filles au cou de leurs mères & les voir expirer ensemble, ouvrir le ventre des femmes enceintes, en tirer les enfans à demi formés, & les donner à manger aux porcs & aux chiens; mettre un poignard dans la main de leurs prisonniers garrotés, & conduire leurs bras dans le sein de leurs femmes, de leurs pères, de leurs mères, de leurs filles; s'imaginant en faire mutuellement des parricides,

glais sont méprisables & méprisés de toute la terre. Ce n'est pas, ce me semble, lorsqu'une nation signale sa bravoure & sa générosité, lorsqu'elle est victorieuse dans les quatre parties du monde, qu'on est bien reçu à dire qu'elle est méprisable & méprisée. C'est dans un chapitre sur l'intolérance, qu'on trouve ce singulier passage. Ceux qui prêchent l'intolérance méritent d'écrire ainsi. Cet abominable livre, qui semble fait par le fou de *Verberies*, est d'un homme sans mission, car quel pasteur écrirait ainsi? La fureur est poussée dans ce livre, jusqu'à justifier la *St. Barthelemi*. On croirait qu'un tel ouvrage rempli de si affreux paradoxes devrait être entre les mains de tout le monde, au moins par sa singularité; cependant à peine est-il connu.

& les damner tous en les exterminant tous. C'eſt ce que raporte *Rapin-Toiras*, officier en Irlande, preſque contemporain : c'eſt ce que rapportent toutes les annales, toutes les hiſtoires d'Angleterre, & ce qui ſans doute ne ſera jamais imité. La philoſophie, la ſeule philoſophie, cette ſœur de la Religion, a deſarmé des mains que la ſuperſtition avait ſi longtems enſanglantées, & l'eſprit humain au réveil de ſon yvreſſe s'eſt étonné des excès où l'avait emporté le fanatiſme.

Nous-mêmes, nous avons en France une province opulente où le Luthéraniſme l'emporte ſur le Catholiciſme. L'Univerſité d'Alzace eſt entre les mains des Luthériens : ils occupent une partie des charges municipales ; jamais la moindre querelle religieuſe n'a dérangé le repos de cette province depuis qu'elle apartient à nos Rois. Pourquoi ? c'eſt qu'on n'y a perſécuté perſonne. Ne cherchez point à gêner les cœurs, & tous les cœurs ſeront à vous.

Je ne dis pas que tous ceux qui ne ſont point de la Religion du Prince doivent partager les places & les honneurs de ceux qui ſont de la Religion dominante. En Angleterre, les Catholiques regardés comme attachés au parti du Prétendant, ne peuvent parvenir aux emplois ; ils payent même double taxe ; mais ils jouissent d'ailleurs de tous les droits des citoyens.

On a soupçonné quelques Evêques Français de penser qu'il n'est ni de leur honneur, ni de leur intérêt, d'avoir dans leur Diocèse des Calvinistes ; & que c'est là le plus grand obstacle à la tolérance ; je ne le puis croire. Le corps des Evêques en France est composé de gens de qualité qui pensent & qui agissent avec une noblesse digne de leur naissance ; ils sont charitables & généreux, c'est une justice qu'on doit leur rendre : ils doivent penser que certainement leurs diocésains fugitifs ne se convertiront pas dans les pays étrangers, & que retournés auprès de leurs pasteurs ils pouraient être éclairés par leurs instructions, & touchés par leurs exemples ; il y aurait de l'honneur à les convertir, le temporel n'y perdrait pas, & plus il y aurait de citoyens, plus les terres des Prélats raporteraient.

Un Evêque de Varmie en Pologne avait un Anabatiste pour fermier, & un Socinien pour receveur ; on lui proposa de chasser & de poursuivre l'un parce qu'il ne croyait pas la consubstantiabilité, & l'autre parce qu'il ne batisait son fils qu'à quinze ans ; il répondit qu'ils feraient éternellement damnés dans l'autre monde, mais que dans ce monde-ci ils lui étaient très néceſſaires.

Sortons de notre petite ſphère, & examinons le reſte de notre globe. Le grand Seigneur gouverne en paix vingt peuples de différentes religions ; deux cent mille Grecs vivent avec ſécurité dans Conſtantinople ; le Muphti même nomme & préſente à l'Empereur le Patriarche Grec ; on y ſouffre un Patriarche Latin. Le Sultan nomme des Evèques Latins pour quelques iles de la Grèce, * & voici la formule dont il ſe ſert : *Je lui commande d'aller réſider Evêque dans l'ile de Chio, ſelon leur ancienne coutume & leurs vaines cérémonies.* Cet Empire eſt rempli de Jacobites, de Neſtoriens, de Monotélites ; il y a des Cophtes, des Chrétiens de *St. Jean*, des Juifs, des Guèbres, des Banians. Les annales Turques ne font mention d'aucune révolte excitée par aucune de ces religions.

Allez dans l'Inde, dans la Perſe, dans la Tartarie, vous y verrez la même tolérance & la même tranquillité. *Pierre le Grand* a favoriſé tous

* Voyez *Ricaut*.

les cultes dans son vaste Empire : le commerce & l'agriculture y ont gagné, & le corps politique n'en a jamais souffert.

Le Gouvernement de la Chine n'a jamais adopté, depuis plus de quatre mille ans qu'il est connu, que le culte des *Noachides*, l'adoration simple d'un seul Dieu : cependant il tolére les superstitions de *Fo*, & une multitude de Bonzes qui serait dangereuse, si la sagesse des tribunaux ne les avait pas toujours contenus.

Il est vrai que le grand Empereur *Yont-Chin*, le plus sage & le plus magnanime peut-être qu'ait eu la Chine, a chassé les Jésuites ; mais ce n'était pas parce qu'il était intolérant, c'était au contraire parce que les Jésuites l'étaient. Ils raportent eux-mêmes dans leurs lettres curieuses, les paroles que leur dit ce bon Prince : *Je sais que votre religion est intolérante ; je sais ce que vous avez fait aux Manilles & au Japon ; vous avez trompé mon père, n'espérez pas me tromper de même.* Qu'on lise tout le discours qu'il daigna leur tenir, on le trouvera le plus sage & le plus clément des hommes. Pouvait-il en effet retenir des physiciens d'Europe, qui sous prétexte de montrer des thermomètres & des éolipiles à la

Cour, avaient ſoulevé déja un Prince du ſang ? & qu'aurait dit cet Empereur s'il avait lû nos hiſtoires, s'il avait connu nos tems de la ligue, & de la conſpiration des poudres ?

C'en était aſſez pour lui d'être informé des querelles indécentes des Jéſuites, des Dominicains, des Capucins, des Prêtres ſéculiers envoyés du bout du monde dans ſes Etats : ils venaient prêcher la vérité, & ils s'anathématiſaient les uns les autres. L'Empereur ne fit donc que renvoyer des perturbateurs étrangers : mais avec quelle bonté les renvoya-t-il ? quels ſoins paternels n'eut-il pas d'eux pour leur voyage, & pour empêcher qu'on ne les inſultât ſur la route ? Leur banniſſement même fut un exemple de tolérance & d'humanité.

* Les Japonois étaient les plus tolérans de tous les hommes ; douze religions paiſibles étaient établies dans leur Empire : les Jéſuites vinrent faire la treiziéme ; mais bientôt n'en voulant pas ſouffrir d'autre, on ſait ce qui en réſulta ; une guerre civile, non moins affreuſe que celles de la ligue, déſola ce pays. La Religion Chrétienne

* Voyez *Kempfer* & toutes les rélations du Japon.

fut noyée enfin dans des flots de ſang ; les Japonois fermèrent leur Empire au reſte du monde, & ne nous regardèrent que comme des bêtes farouches, ſemblables à celles dont les Anglais ont purgé leur île. C'eſt en vain que le Miniſtre *Colbert* ſentant le beſoin que nous avions des Japonois, qui n'ont nul beſoin de nous, tenta d'établir un commerce avec leur Empire ; il les trouva inflexibles.

Ainſi donc notre Continent entier nous prouve qu'il ne faut ni annoncer, ni exercer l'intolérance.

Jettez les yeux ſur l'autre hémiſphère, voyez la Caroline, dont le ſage *Loke* fut le légiſlateur ; il ſuffit de ſept pères de famille pour établir un culte public aprouvé par la loi : cette liberté n'a fait naitre aucun déſordre. Dieu nous préſerve de citer cet exemple pour engager la France à l'imiter ! on ne le raporte que pour faire voir que l'excès le plus grand où puiſſe aller la tolérance, n'a pas été ſuivi de la plus légère diſſention : mais ce qui eſt très-utile & très-bon dans une colonie naiſſante, n'eſt pas convenable dans un ancien royaume.

Que dirons-nous des *Primitifs*, que l'on a

nommés *Quakres* par dériſion, & qui avec des uſages peut-être ridicules, ont été ſi vertueux, & ont enſeigné inutilement la paix au reſte des hommes? Ils ſont en Penſilvanie au nombre de cent mille; la diſcorde, la controverſe ſont ignorées dans l'heureuſe patrie qu'ils ſe ſont faite: & le nom ſeul de leur ville de Philadelphie, qui leur rapelle à tout moment que les hommes ſont frères, eſt l'exemple & la honte des peuples qui ne connaiſſent pas encor la tolérance.

Enfin cette tolérance n'a jamais excité de guerre civile; l'intolérance a couvert la terre de carnage. Qu'on juge maintenant entre ces deux riva-

b) Mr. *de la Bourdonnaie*, Intendant de Rouen, dit que la manufacture de chapeaux eſt tombée à Caudebec & à Neufchâtel par la fuite des réfugiés. Mr. *Foucaut*, Intendant de Caën, dit que le commerce eſt tombé de moitié dans la Généralité. Mr. *de Maupeou*, Intendant de Poitiers, dit que la manufacture de droguet eſt anéantie. Mr. *de Bezons*, Intendant de Bordeaux, ſe plaint que le commerce de Clerac & de Nerac ne ſubſiſte preſque plus. Mr. *de Miroménil*, Intendant de Touraine, dit que le commerce de Tours eſt diminué de dix millions par année; & tout cela par la perſécution. Voyez

les, entre la mère qui veut qu'on égorge son fils, & la mère qui le cède pourvû qu'il vive.

Je ne parle ici que de l'intérêt des nations, & en respectant comme je le dois la Théologie, je n'envisage dans cet article que le bien physique & moral de la societé. Je suplie tout lecteur impartial de peser ces vérités, de les rectifier & de les étendre. Des lecteurs attentifs qui se communiquent leurs pensées, vont toujours plus loin que l'auteur (*b*).

---

les mémoires des Intendans en 1698. Comptez surtout le nombre des officiers de terre & de mer, & de matelots, qui ont été obligés d'aller servir contre la France, & souvent avec un funeste avantage: & voyez si l'intolérance n'a pas causé quelque mal à l'Etat.

On n'a pas ici la témérité de proposer des vues à des Ministres dont on connait le génie & les grands sentimens, & dont le cœur est aussi noble que la naissance: ils verront assez que le rétablissement de la marine demande quelque indulgence pour les habitans de nos côtes.

CHAPITRE V.

Comment la Tolérance peut être admise.

J'Ose ſuppoſer qu'un Miniſtre éclairé & magnanime, un Prélat humain & ſage, un Prince qui ſait que ſon intérêt conſiſte dans le grand nombre de ſes ſujets, & ſa gloire dans leur bonheur, daigne jetter les yeux ſur cet écrit informe & défectueux; il y ſupplée par ſes propres lumières; il ſe dit à lui-même, Que riſquerai-je à voir la terre cultivée & ornée par plus de mains laborieuſes, les tributs augmentés, l'Etat plus floriſſant?

L'Allemagne ſerait un déſert couvert des oſſemens des Catholiques, Evangeliques, Réformés, Anabatiſtes, égorgés les uns par les autres, ſi la paix de Weſtphalie n'avait pas procuré enfin la liberté de conſcience.

Nous avons des Juifs à Bordeaux, à Metz, en Alzace; nous avons des Luthériens, des Moliniſtes, des Janſéniſtes; ne pouvons-nous pas ſouffrir & contenir des Calviniſtes à peu près aux mêmes conditions que les Catholiques ſont tolérés à Londres ? Plus il y a de sectes, moins chacune est dangereuse ; la multiplicité les affaiblit ; toutes sont réprimées par de justes loix, qui défendent les assemblées tumultueuses, les injures, les séditions, & qui sont toujours en vigueur par la force coactive.

Nous savons que plusieurs chefs de famille, qui ont élevé de grandes fortunes dans les pays étrangers, sont prêts à retourner dans leur patrie ; ils ne demandent que la protection de la loi naturelle, la validité de leurs mariages, la certitude de l'état de leurs enfans, le droit d'hériter de leurs pères, la franchise de leurs personnes ; point de temples publics, point de droit aux charges municipales, aux dignités : les Catholiques n'en ont ni à Londres, ni en plusieurs autres pays. Il ne s'agit plus de donner des priviléges immenses, des places de sûreté à une faction, mais de laisser vivre un peuple paisible, d'adoucir des édits, autrefois peut-être nécessaires, & qui ne le sont plus ; ce n'est pas à nous d'indiquer au Ministère ce qu'il peut faire ; il suffit de l'implorer pour des infortunés.

Que de moyens de les rendre utiles, & d'empêcher qu'ils ne soient jamais dangereux ! La prudence du Ministère & du Conseil, apuiée de la force, trouvera bien aiſément ces moyens, que tant d'autres nations employent ſi heureuſement.

Il y a des fanatiques encor dans la populace calviniſte; mais il eſt conſtant qu'il y en a davantage dans la populace convulſionaire. La lie des inſenſés de *St. Médard* eſt comptée pour rien dans la nation, celle des prophêtes Calviniſtes eſt anéantie. Le grand moyen de diminuer le nombre des maniaques, s'il en reſte, eſt d'abandonner cette maladie de l'eſprit au régime de la raiſon, qui éclaire lentement, mais infailliblement les hommes. Cette raiſon eſt douce, elle eſt humaine, elle inſpire l'indulgence, elle étouffe la diſcorde, elle affermit la vertu, elle rend aimable l'obéiſſance aux loix, plus encor que la force ne les maintient. Et comptera-t-on pour rien le ridicule attaché aujourd'hui à l'entouſiaſme par tous les honnêtes gens? Ce ridicule eſt une puiſſante barriére contre les extravagances de tous les ſectaires. Les tems paſſés ſont comme s'ils n'avaient jamais été. Il faut toujours partir du point où l'on eſt, & de celui où les nations ſont parvenues.

Il a été un tems où l'on ſe crut obligé de rendre

des arrèts contre ceux qui enſeignaient une doctrine contraire aux cathégories d'*Ariſtote*, à l'horreur du vuide, aux quiddités, & à l'univerſel de la part de la choſe. Nous avons en Europe plus de cent volumes de juriſprudence ſur la ſorcellerie, & ſur la maniére de diſtinguer les faux ſorciers des véritables. L'excommunication des ſauterelles, & des inſectes nuiſibles aux moiſſons, a été très en uſage, & ſubſiſte encor dans pluſieurs rituels; l'uſage eſt paſſé, on laiſſe en paix *Ariſtote*, les ſorciers & les ſauterelles. Les exemples de ces graves démences, autrefois ſi importantes, ſont innombrables; il en revient d'autres de tems en tems, mais quand elles ont fait leur effet, quand on en eſt raſſaſié, elles s'anéantiſſent. Si quelqu'un s'aviſait aujourd'hui d'être Carpocratien, ou Eutichéen, ou Monothélite, Monophiſite, Neſtorien, Manichéen &c. qu'arriverait-il? on en rirait comme d'un homme habillé à l'antique avec une fraiſe & un pourpoint.

La nation commençait à entr'ouvrir les yeux, lorſque les Jéſuites *Le Tellier* & *Doutcin* fabriquèrent la bulle *Unigenitus* qu'ils envoyèrent à

Rome; ils crurent être encor dans ces tems d'ignorance, où les peuples adoptaient ſans examen les aſſertions les plus abſurdes. Ils oſérent proſcrire cette propoſition, qui eſt d'une vérité univerſelle dans tous les cas & dans tous les tems, *La crainte d'une excommunication injuſte ne doit point empêcher de faire ſon devoir* : c'était proſcrire la raiſon, les libertés de l'Egliſe Gallicane, & le fondement de la morale; c'était dire aux hommes, Dieu vous ordonne de ne jamais faire vôtre devoir, dès que vous craindrez l'injuſtice. On n'a jamais heurté le ſens commun plus effrontément; les conſulteurs de Rome n'y prirent pas garde. On perſuada à la Cour de Rome que cette bulle était néceſſaire, & que la nation la déſirait; elle fut ſignée, ſcèlée & envoyée, on en ſait les ſuites : certainement ſi on les avait prévûes, on aurait mitigé la bulle. Les querelles ont été vives, la prudence & la bonté du Roi les a enfin apaiſées.

Il en eſt de même dans une grande partie des points qui diviſent les Proteſtans & nous; il y en a quelques-uns qui ne ſont d'aucune conſéquence, il y en a d'autres plus graves, mais ſur leſquels la fureur de la diſpute eſt tellement amortie, que les Proteſtans eux-mêmes ne prêchent aujourd'hui la controverſe en aucune de leurs égliſes.

C'eſt donc ce tems de dégout, de ſatieté, ou plutôt de raiſon, qu'on peut ſaiſir comme une époque & un gage de la tranquillité publique. La controverſe eſt une maladie épidémique qui eſt ſur ſa fin, & cette peſte dont on eſt guéri, ne demande plus qu'un régime doux. Enfin l'intérêt de l'Etat eſt que des fils expatriés reviennent avec modeſtie dans la maiſon de leur père; l'humanité le demande, la raiſon le conſeille, & la politique ne peut s'en effrayer.

CHAPITRE VI.

Si l'intolérance eſt de droit naturel & de droit humain.

LE droit naturel eſt celui que la nature indique à tous les hommes. Vous avez élevé vôtre enfant, il vous doit du reſpect comme à ſon père, de la reconnaiſſance comme à ſon bienfaiteur. Vous avez droit aux productions de la terre que vous avez cultivée par vos mains; vous avez donné & reçu une promeſſe, elle doit être tenue.

Le droit humain ne peut être fondé en aucun cas que ſur ce droit de nature; & le grand principe, le principe univerſel de l'un & de l'autre, eſt dans toute la terre, *Ne fais pas ce que tu ne voudrais pas qu'on te fît.* Or on ne voit pas comment, ſuivant ce principe, un homme pourait dire à un autre, *Crois ce que je crois & ce que tu ne peux croire, ou tu périras:* C'eſt ce qu'on dit en Portugal, en Eſpagne, à Goa. On ſe contente à préſent dans quelques autres pays de dire; *Crois, ou je t'abhorre; crois, ou je te ferai tout le mal que je pourai; monſtre, tu n'as pas ma religion, tu n'as donc point de religion; il faut que tu ſois en horreur à tes voiſins, à ta ville, à ta province.*

S'il était de droit humain de ſe conduire ainſi, il faudrait donc que le Japonois déteſtat le Chinois, qui aurait en exécration le Siamois; celui-ci pourſuivrait les Gangarides, qui tomberaient ſur les habitans de l'Indus; un Mogol arracherait le cœur au premier Malabare qu'il

trouve-

trouverait; le Malabare pourait égorger le Perſan, qui pourait maſſacrer le Turc; & tous enſemble ſe jetteraient ſur les Chrétiens, qui ſe ſont ſi longtems dévorés les uns les autres.

Le droit de l'intolérance eſt donc abſurde & barbare; c'eſt le droit des tigres; & il eſt bien plus horrible, car les tigres ne déchirent que pour manger, & nous nous ſommes exterminés pour des paragraphes.

CHAPITRE VII.

Si l'intolérance a été connue des Grecs.

LEs peuples dont l'hiſtoire nous a donné quelques faibles connaiſſances, ont tous regardé leurs différentes religions comme des nœuds qui les uniſſaient tous enſemble; c'était une aſſociation du genre humain. Il y avait une eſpèce de droit d'hoſpitalité entre les Dieux comme entre les hommes. Un étranger arrivait-il dans une ville, il commençait par adorer les Dieux du pays; on ne manquait jamais de vénérer les Dieux mêmes de ſes ennemis. Les Troyens adreſſaient des prières aux Dieux qui combattaient pour les Grecs.

Aléxandre alla conſulter dans les déſerts de la Libie le Dieu *Ammon*, auquel les Grecs donnèrent le nom de *Zeus*, & les Latins de *Jupiter*, quoique les uns & les autres euſſent leur *Jupiter* & leur *Zeus* chez eux. Lorſqu'on aſſiégeait une ville, on faiſait un ſacrifice & des prières aux Dieux de la ville, pour ſe les rendre favorables. Ainſi, au milieu même de la guerre, la Religion réüniſſait les hommes, & adouciſſait quelquefois leurs fureurs, ſi quelquefois elle leur commandait des actions inhumaines & horribles.

Je peux me tromper, mais il me parait que de tous les anciens peuples policés, aucun n'a gêné la liberté de penſer. Tous avaient une Religion; mais il me ſemble qu'ils en uſaient avec les hommes comme avec leurs Dieux; ils reconnaiſſaient tous un Dieu ſuprême, mais ils lui aſſociaient une quantité prodigieuſe de Divinités inférieures; ils n'avaient qu'un culte, mais ils permettaient une foule de ſyſtêmes particuliers.

Les Grecs, par exemple, quelque religieux

qu'ils fussent, trouvaient bon que les Epicuriens niassent la Providence, & l'existence de l'ame. Je ne parle pas des autres sectes, qui toutes blessaient les idées saines qu'on doit avoir de l'Etre créateur, & qui toutes étaient tolérées.

Socrate qui aprocha le plus près de la connaissance du Créateur, en porta, dit-on, la peine, & mourut martyr de la Divinité; c'est le seul que les Grecs ayent fait mourir pour ses opinions. Si ce fut en effet la cause de sa condamnation, cela n'est pas à l'honneur de l'intolérance, puisqu'on ne punit que celui qui seul rendit gloire à Dieu, & qu'on honora tous ceux qui donnaient de la Divinité les notions les plus indignes. Les ennemis de la tolérance ne doivent pas, à mon avis, se prévaloir de l'exemple odieux des juges de *Socrate*.

Il est évident, d'ailleurs, qu'il fut la victime d'un parti furieux animé contre lui. Il s'était fait des ennemis irréconciliables des sophistes, des orateurs, des poetes, qui enseignaient dans les écoles, & même de tous les précepteurs qui avaient soin des enfans de distinction. Il avoue lui-même dans son discours raporté par *Platon*, qu'il allait de maison en maiſon prouver à ces précepteurs qu'ils n'étaient que des ignorans : cette conduite n'était pas digne de celui qu'un oracle avait déclaré le plus ſage des hommes. On déchaina contre lui un prêtre, & un Conſeiller des cinq cent, qui l'accuſérent ; j'avoue que je ne ſais pas préciſément de quoi, je ne vois que du vague dans ſon apologie ; on lui fait dire en général, qu'on lui imputait d'inſpirer aux jeunes gens des maximes contre la Religion & le Gouvernement. C'eſt ainſi qu'en uſent tous les jours les calomniateurs dans le monde : mais il faut dans un tribunal des faits avérés, des chefs d'accuſation précis & circonſtantiés ; c'eſt ce que le procès de *Socrate* ne nous fournit point ; nous ſavons ſeulement qu'il eut deux cent vingt voix pour lui. Le tribunal des cinq cent poſſédait donc deux cent vingt philoſophes ; c'eſt beaucoup ; je doute qu'on les trouvat ailleurs. Enfin, la pluralité fut pour la ciguë ; mais auſſi, ſongeons que les Athéniens revenus à eux-mêmes eurent les accuſateurs & les juges en horreur ; que *Mélitus*, le principal auteur de cet arrêt, fut condamné à mort pour cette injuſtice ; que les autres furent bannis, & qu'on éleva un temple à *Socra-*

te. Jamais la philosophie ne fut si bien vengée, ni tant honorée. L'exemple de *Socrate* est au fonds le plus terrible argument qu'on puisse alléguer contre l'intolérance. Les Athéniens avaient un autel dédié aux Dieux étrangers, aux Dieux qu'ils ne pouvaient connaître. Y a-t-il une plus forte preuve, non-seulement d'indulgence pour toutes les nations, mais encor de respect pour leurs cultes ?

Un honnête homme qui n'est ennemi ni de la raison, ni de la litérature, ni de la probité, ni de la patrie, en justifiant depuis peu la *Saint Barthelemi*, cite la guerre des Phocéens nommée *la guerre sacrée*, comme si cette guerre avait été allumée pour le culte, pour le dogme, pour des argumens de Théologie; il s'agissait de savoir à qui apartiendrait un champ: c'est le sujet de toutes les guerres. Des gerbes de bled ne sont pas un symbole de créance; jamais aucune ville Grecque ne combatit pour des opinions. D'ailleurs que prétend cet homme modeste & doux ? veut-il que nous fassions une guerre sacrée ?

CHAPITRE VIII.

Si les Romains ont été tolérans ?

CHez les anciens Romains, depuis *Romulus* jusqu'aux tems où les Chrétiens disputèrent avec les prêtres de l'Empire, vous ne voyez pas un seul homme persécuté pour ses sentimens. *Cicéron* douta de tout ; *Lucrèce* nia tout ; & on ne leur en fit pas le plus léger reproche : la licence même alla si loin, que *Pline* le naturaliste commence son livre par nier un Dieu, & par dire que s'il en est un, c'est le Soleil. *Cicéron* dit, en parlant des Enfers, *Non est anus tam excors quæ credat* : „ Il n'y a pas même de vieille „ assez imbécille pour les croire. " *Juvenal* dit : *Nec pueri credunt* : „ Les enfans n'en croyent rien. " On chantait sur le théatre de Rome : *Post mortem nihil est, ipsaque mors nihil* : „ Rien n'est „ après la mort, la mort même n'est rien. " Abhorrons ces maximes, & tout au plus, pardonnons les à un peuple que les Evangiles n'éclairaient pas ; elles sont fausses, elles sont impies ; mais concluons que les Romains étaient très tolérans, puiſqu'elles n'excitèrent jamais le moindre murmure.

Le grand principe du Sénat & du peuple Romain était, *Deorum offenſa diis curæ*; „ C'eſt aux „ Dieux ſeuls à ſe ſoucier des offenſes faites aux „ Dieux. “ Ce peuple Roi ne ſongeait qu'à conquérir, à gouverner, & à policer l'Univers. Ils ont été nos légiſlateurs comme nos vainqueurs; & jamais *Céſar*, qui nous donna des fers, des loix & des jeux, ne voulut nous forcer à quitter nos Druides pour lui, tout grand Pontife qu'il était d'une nation notre Souveraine.

Les Romains ne profeſſaient pas tous les cultes, ils ne donnaient pas à tous la ſanction publique, mais ils les permirent tous. Ils n'eurent aucun objet matériel de culte ſous *Numa*, point de ſimulacres, point de ſtatues; bientôt ils en élevèrent aux Dieux *Majorum Gentium*, que les Grecs leur firent connaître. La loi des douze tables, *Deos peregrinos ne colunto*, ſe réduiſit à n'accorder le culte public qu'aux Divinités ſupérieures ou inférieures aprouvées par le Sénat. *Iſis* eut un temple dans Rome, juſqu'au tems où *Tibère* le démolit, lorſque les prêtres de ce temple corrompus par l'argent de *Mundus*, le firent coucher dans le temple ſous le nom du Dieu *Anubis* avec une femme nommée *Pauline*. Il eſt vrai que *Joſeph* eſt le ſeul qui raporte cette hiſtoire ; il n'était pas contemporain, il était crédule & exagérateur. Il y a peu d'aparence que dans un tems auſſi éclairé que celui de *Tibère*, une dame de la première condition eût été aſſez imbécille pour croire avoir les faveurs du Dieu *Anubis*.

Mais que cette anecdote ſoit vraie ou fauſſe, il demeure certain que la ſuperſtition Egyptienne avait élevé un temple à Rome avec le conſentement public. Les Juifs y commerçaient dès le tems de la guerre Punique ; ils y avaient des ſynagogues du tems d'*Auguſte*, & ils les conſervèrent preſque toujours, ainſi que dans Rome moderne. Y a-t-il un plus grand exemple que la tolérance était regardée par les Romains comme la loi la plus ſacrée du droit des gens ?

On nous dit qu'auſſi-tôt que les Chrétiens parurent, ils furent perſécutés par ces mêmes Romains qui ne perſécutaient perſonne. Il me paraît évident que ce fait eſt très faux ; je n'en veux pour preuve que *St. Paul* lui-même. Les Actes des Apôtres nous aprennent que *St. Paul* étant accuſé par les Juifs de vouloir détruire la loi Moſaïque

Chap. 21. & 22.

par JESUS-CHRIST, *St. Jaques* proposa à *St. Paul* de se faire raser la tête, & d'aller se purifier dans le temple avec quatre Juifs, *afin que tout le monde sache que tout ce que l'on dit de vous est faux, & que vous continuez à garder la loi de Moïse.*

Paul Chrétien alla donc s'acquitter de toutes les cérémonies judaïques pendant sept jours; mais les sept jours n'étaient pas encor écoulés, quand des Juifs d'*Asie* le reconnurent; & voyant qu'il était entré dans le temple, non-seulement avec des Juifs, mais avec des Gentils, ils crièrent à la profanation: on le saisit, on le mena devant le Gouverneur *Félix*, & ensuite on s'adressa au tribunal de *Festus*. Les Juifs en foule demandèrent sa mort; *Festus* leur répondit, *Ce n'est point la coutume des Romains de condamner un homme avant que l'accusé ait ses accusateurs devant lui, & qu'on lui ait donné la liberté de se défendre.* Actes des Apôtres *chap.* 25.

Ces paroles sont d'autant plus remarquables dans ce Magistrat Romain, qu'il paraît n'avoir eu nulle considération pour *St. Paul*, n'avoir senti pour lui que du mépris; trompé par les fausses lumières de sa raison, il le prit pour un fou; il lui dit à lui-même qu'il était en démence, *multæ te litteræ ad insaniam convertunt.* *Festus* n'é- Act. des Ap. *ch.* 26. *v.* 24.

couta donc que l'équité de la loi Romaine, en donnant sa protection à un inconnu qu'il ne pouvait estimer.

Voilà le St. Esprit lui-même, qui déclare que les Romains n'étaient pas persécuteurs, & qu'ils étaient justes. Ce ne sont pas les Romains qui se soulevèrent contre *St. Paul*, ce furent les Juifs. *St. Jaques*, frère de JESUS, fut lapidé par l'ordre d'un Juif Saducéen, & non d'un Romain: les Juifs seuls lapidèrent *St. Etienne*; *a*) & lorsque *St. Paul* gardait les manteaux des exécuteurs, certes il n'agissait pas en citoyen Romain.

Les premiers Chrétiens n'avaient rien sans doute à démêler avec les Romains; ils n'avaient d'ennemis que les Juifs dont ils commençaient à se séparer. On sait quelle haine implacable portent tous les Sectaires à ceux qui abandonnent leur secte. Il y eut sans doute du tumulte dans les synagogues de Rome. *Suétone* dit, dans la vie de Claude, *Judæos impulsore Christo assiduè tumul-*

a) Quoique les Juifs n'eussent pas le droit du glaive depuis qu'*Archelaüs* avait été relégué chez les Allobroges, & que la Judée était gouvernée en province de l'Empire; cependant les Romains fermaient souvent les yeux quand les Juifs exerçaient le jugement du zèle,

tuantes Roma expulit. Il ſe trompait, en diſant que c'était à l'inſtigation de CHRIST : il ne pouvait pas être inſtruit des détails d'un peuple auſſi mépriſé à Rome que l'était le peuple Juif, mais il ne ſe trompait pas ſur l'occaſion de ces querelles. *Suétone* écrivait ſous *Adrien* dans le ſecond ſiécle ; les Chrétiens n'étaient pas alors diſtingués des Juifs aux yeux des Romains. Le paſſage de *Suétone* fait voir que les Romains, loin d'oprimer les premiers Chrétiens, réprimaient alors les Juifs qui les perſécutaient. Ils voulaient que la ſynagogue de Rome eût pour ſes frères ſéparés la même indulgence que le Sénat avait pour elle ; & les Juifs chaſſés revinrent bientôt après ; ils parvinrent même aux honneurs malgré les loix qui les en excluaient : c'eſt *Dion Caſſius* & *Ulpien* qui nous l'aprennent *b*). Eſt-il poſſible qu'après la ruine de Jéruſalem les Empereurs euſſent prodigué des dignités aux Juifs, & qu'ils euſſent perſécuté, livré aux boureaux & aux bêtes, des Chrétiens qu'on regardait comme une ſecte de Juifs !

c'eſt-à-dire, quand dans une émeute ſubite ils lapidaient par zéle celui qu'ils croyaient avoir blaſphémé.

b) Ulpianus l---- tit. II. *Eis qui Judaïcam ſuperſtitionem ſequuntur honores adipiſci ipermiſerunt &c.*

Néron, dit-on, les persécuta. *Tacite* nous aprend qu'ils furent accusés de l'incendie de Rome, & qu'on les abandonna à la fureur du peuple. S'agissait-il de leur créance dans une telle accusation ? Non sans doute. Dirons-nous que les Chinois, que les Hollandais égorgèrent il y a quel-

c) Tacite dit : *Quos per flagitia invisos vulgus Christianos appellabat.*

Il est bien difficile que le nom de Chrétien fût déja connu à Rome ; *Tacite* écrivait sous *Vespasien* & sous *Domitien* ; il parlait des Chrétiens comme on en parlait de son tems. J'oserais dire que ces mots, *odio humani generis convicti*, pourraient bien signifier, dans le stile de *Tacite*, *convaincus d'être haïs du genre-humain*, autant que *convaincus de haïr le genre-humain.*

En effet que faisaient à Rome ces premiers missionnaires ? Ils tâchaient de gagner quelques ames ; ils leur enseignaient la morale la plus pure ; ils ne s'élevaient contre aucune puissance ; l'humilité de leur cœur était extrême, comme celle de leur état & de leur situation ; à peine étaient-ils connus, à peine étaient-ils séparés des autres Juifs ; comment le genre-humain, qui les ignorait, pouvait-il les haïr ? & comment pouvaient-ils être convaincus de détester le genre-humain ?

Lorsque Londres brûla, on en accusa les Catholiques ; mais c'était après des guerres de Religion, c'était après

ques années dans les fauxbourgs de Batavia, furent immolés à la Religion? Quelque envie qu'on ait de se tromper, il est impossible d'attribuer à l'intolérance le désastre arrivé sous *Néron* à quelques malheureux demi-Juifs & demi-Chrétiens. c)

la conspiration des poudres, dont plusieurs Catholiques indignes de l'être avaient été convaincus.

Les premiers Chrétiens du tems de *Néron* ne se trouvaient pas assurément dans les mêmes termes. Il est très difficile de percer dans les ténèbres de l'histoire; *Tacite* n'apporte aucune raison du soupçon qu'on eut que *Néron* lui-même eût voulu mettre Rome en cendres; on aurait été bien mieux fondé de soupçonner *Charles II.* d'avoir brûlé Londres : le sang du Roi son père, exécuté sur un échaffaut aux yeux du peuple qui demandait sa mort, pouvait au moins servir d'excuse à *Charles II.* Mais *Néron* n'avait ni excuse, ni prétexte, ni intérêt. Ces rumeurs insensées peuvent être en tout pays le partage du peuple; nous en avons entendu de nos jours d'aussi folles & d'aussi injustes.

Tacite qui connait si bien le naturel des Princes, devait connaître aussi celui du peuple, toujours vain, toujours outré dans ses opinions violentes & passagères, incapable de rien voir, & capable de tout dire, de tout croire, & de tout oublier.

Philon dit que *Séjan les persécuta sous Tibère; mais qu'après la mort de Séjan, l'Empereur les rétablit dans tous leurs droits.* Ils avaient celui des citoyens Romains, tout méprisés qu'ils étaient des citoyens Romains: ils avaient part aux distributions de bled, & même, lorsque la distribution se faisait un jour de Sabath, on remettait la leur à un autre jour: c'était probablement en considération des sommes d'argent qu'ils avaient données à l'Etat; car en tout pays ils ont acheté la tolérance, & se sont dédommagés bien vite de ce qu'elle avait couté.

Ce passage de *Philon* explique parfaitement celui de *Tacite*, qui dit qu'on envoya quatre mille Juifs ou Egyptiens en Sardaigne, & que si l'intempérie du climat les eût fait périr, c'eût été une perte légère, *vile damnum.*

J'ajouterai à cette remarque, que *Philon* regarde *Tibère* comme un Prince sage & juste. Je crois bien qu'il n'était juste qu'autant que cette justice s'accordait avec ses intérêts; mais le bien que *Philon* en dit, me fait un peu douter des horreurs que *Tacite* & *Suétone* lui reprochent. Il ne me parait point vraisemblable qu'un vieillard infirme de soixante & dix ans, se soit retiré dans l'ile de Caprée pour s'y livrer à des débauches recherchées qui sont à peine dans la nature, & qui étaient même inconnues à la jeunesse de Rome la plus effrénée; ni *Tacite*, ni *Suétone*, n'avaient connu cet Empereur; ils recueillaient avec plaisir des bruits populaires; *Octave*, *Tibère*, & leurs successeurs avaient été odieux, parce qu'ils régnaient sur un peuple qui devait être libre: les historiens se plaisaient à les diffamer, & on croyait ces historiens sur leur parole, parce qu'alors on manquait de mémoires, de journaux du tems, de documens : aussi les historiens ne citent personne ; on ne pouvait les contredire ; ils diffamaient qui ils voulaient, & décidaient à leur gré du jugement de la postérité. C'est au lecteur sage de voir jusqu'à quel point on doit se défier de la véracité des historiens, quelle créance on doit avoir pour les faits publics attestés par des auteurs graves, nés dans une nation éclairée, & quelles bornes on doit mettre à sa crédulité sur des anecdotes que ces mêmes auteurs raportent sans aucune preuve.

CHAPITRE IX.

Des Martyrs.

IL y eut dans la suite des Martyrs Chrétiens ; il est bien difficile de savoir précisément pour quelles raisons ces Martyrs furent condamnés : mais j'ose croire qu'aucun ne le fut sous les premiers *Césars*, pour sa seule religion ; on les tolérait toutes ; comment aurait-on pu rechercher & poursuivre des hommes obscurs, qui avaient un culte particulier, dans le tems qu'on permettait tous les autres ?

Les *Titus*, les *Trajans*, les *Antonins*, les *Dé-*

cius n'étaient pas des barbares : peut-on imaginer qu'ils auraient privé les ſeuls Chrétiens d'une liberté dont jouïſſait toute la terre ? Les aurait-on ſeulement oſé accuſer d'avoir des myſtères ſecrets, tandis que les myſtères d'*Iſis* , ceux de *Mitras* , ceux de la Déeſſe de Sirie , tous étrangers au culte Romain , étaient permis ſans contradiction ? Il faut bien que la perſécution ait eu d'autres cauſes , & que les haines particuliéres , ſoutenues par la raiſon d'état , ayent répandu le ſang des Chrétiens.

Par exemple, lorſque *St. Laurent* refuſe au Préfet de Rome *Cornelius Secularis* l'argent des Chrétiens qu'il avait en ſa garde , il eſt naturel que le Préfet & l'Empereur ſoient irrités ; ils ne ſavaient

a) Nous reſpectons aſſurément tout ce que l'Egliſe rend reſpectable ; nous invoquons les Sts. Martyrs ; mais en révérant *St. Laurent*, ne peut-on pas douter que *St. Sixte* lui ait dit, *Vous me ſuivrez dans trois jours* ; que dans ce court intervalle le Préfet de Rome lui ait fait demander l'argent des Chrétiens ; que le Diacre *Laurent* ait eu le tems de faire aſſembler tous les pauvres de la ville, qu'il ait marché devant le Préfet pour le mener à à l'endroit où étaient ces pauvres , qu'on lui ait fait ſon procès ,

ſavaient pas que *St. Laurent* avait diſtribué cet argent aux pauvres, & qu'il avait fait une œuvre charitable & ſainte; ils le regardèrent comme un réfractaire, & le firent périr. *a*)

Conſidérons le martire de *St. Polyeucte.* Le condamna-t-on pour ſa religion ſeule? Il va dans le temple, où l'on rend aux Dieux des actions de graces pour la victoire de l'Empereur *Décius*; il y inſulte les Sacrificateurs, il renverſe & briſe les autels & les ſtatues: quel eſt le païs au monde où l'on pardonnerait un pareil attentat? Le Chrétien qui déchira publiquement l'édit de l'Empereur *Dioclétien*, & qui attira ſur ſes frères la grande perſécution, dans les deux dernières années du règne de ce Prince, n'avait pas un zèle ſelon la ſcience; & il était bien malheureux d'être la cauſe du déſaſtre de ſon parti. Ce zèle in-

procès, qu'il ait ſubi la queſtion, que le Préfet ait commandé à un forgeron un gril aſſez grand pour y rotir un homme, que le premier Magiſtrat de Rome ait aſſiſté lui-même à cet étrange ſupplice; que *St. Laurent* ſur ce gril ait dit: » Je ſuis aſſez cuit d'un côté, fais moi retourner » de l'autre, ſi tu veux me manger? Ce gril n'eſt guères dans le génie des Romains; & comment ſe peut-il faire qu'aucun auteur Payen n'ait parlé d'aucune de ces avantures?

considéré qui éclata souvent, & qui fut même condamné par plusieurs Pères de l'Eglise, a été probablement la source de toutes les persécutions.

Je ne compare point, sans doute, les premiers sacramentaires aux premiers Chrétiens; je ne mets point l'erreur à côté de la vérité; mais *Farel* prédécesseur de *Jean Calvin*, fit dans Arles la même chose que *St. Polyeucte* avait fait en Arménie. On portait dans les rues la statue de *St. Antoine* l'hermite en procession; *Farel* tombe avec quelques-uns des siens sur les moines qui portaient *St. Antoine*, les bat, les disperse, & jette *St. Antoine* dans la rivière. Il méritait la mort qu'il ne reçut pas, parce qu'il eut le tems de s'enfuir. S'il s'était contenté de crier à ces moines, qu'il ne croyait pas qu'un corbeau eût apporté la moi-

b) Il n'y a qu'à ouvrir *Virgile* pour voir que les Romains reconnaissaient un Dieu suprême, Souverain de tous les êtres célestes.

O! quis res hominumque deûmque
Æternis regis imperiis, & fulmine terres,
O pater, ô hominum divûmque æterna potestas &c.

Horace s'exprime bien plus fortement:

Unde nil majus generatur ipso,
Nec viget quidquam simile, aut secundum.

tié d'un pain à *St. Antoine* l'hermite, ni que *St. Antoine* eût eu des converſations avec des centaures & des ſatires, il aurait mérité une forte réprimande, parce qu'il troublait l'ordre; mais ſi le ſoir après la proceſſion, il avait examiné paiſiblement l'hiſtoire du corbeau, des centaures & des ſatires, on n'aurait rien eu à lui reprocher.

Quoi! les Romains auraient ſouffert que l'infame *Antinoüs* fût mis au rang des ſeconds Dieux, & ils auraient déchiré, livré aux bêtes tous ceux auxquels on n'aurait reproché que d'avoir paiſiblement adoré un juſte! Quoi! ils auraient reconnu un Dieu ſuprême *b*), un Dieu ſouverain, maître de tous les Dieux ſecondaires, atteſté par cette formule, *Deus optimus maximus*; & ils auraient recherché ceux qui adoraient un Dieu unique!

On ne chantait autre choſe que l'unité de Dieu dans les myſtères auxquels preſque tous les Romains étaient initiés. Voyez la belle hymne d'*Orphée*, liſez la lettre de *Maxime de Madaure* à *St. Auguſtin*, dans laquelle il dit, qu'*il n'y a que des imbécilles qui puiſſent ne pas reconnaître un Dieu Souverain*. *Longinien*, étant Payen, écrit au même *St. Auguſtin*, que *Dieu eſt unique, incompréhenſible, ineffable*. *Lactance* lui-même, qu'on ne peut accuſer d'être trop indulgent, avoue dans ſon livre V.

Il n'eſt pas croyable que jamais il y eût une inquiſition contre les Chrétiens ſous les Empereurs, c'eſt-à-dire, qu'on ſoit venu chez eux les interroger ſur leur créance. On ne troubla jamais ſur cet article ni Juif, ni Syrien, ni Egyptien, ni Bardes, ni Druides, ni Philoſophes. Les Martyrs furent donc ceux qui s'élevèrent contre les faux Dieux. C'était une choſe très-ſage, très-pieuſe de n'y pas croire ; mais enfin, ſi non contens d'adorer un Dieu en eſprit & en vérité, ils éclatèrent violemment contre le culte reçu, quelque abſurde qu'il pût être, on eſt forcé d'avouer qu'eux-mêmes étaient intolérans.

Chap. 39. *Tertullien*, dans ſon apologétique, avoüe qu'on regardait les Chrétiens comme des factieux; l'accuſation était injuſte, mais elle prouvait que ce n'était pas la religion ſeule des Chrétiens, qui
Chap. 35. excitait le zèle des Magiſtrats. Il avoüe que les Chrétiens refuſaient d'orner leurs portes de bran-

que *les Romains ſoumettent tous les Dieux au Dieu ſuprême, illos ſubjicit & mancipat Deo. Tertullien* même, dans ſon apologétique, avoue que tout l'Empire reconnaiſſait un Dieu maître du monde, dont la puiſſance & la majeſté ſont infinies, *principem mundi perfectæ potentiæ & majeſtatis.* Ouvrez ſurtout *Platon*, le maître de Ci-

ches de laurier dans les réjouïſſances publiques pour les victoires des Empereurs : on pouvait aiſément prendre cette affectation condamnable pour un crime de lèze-majeſté.

La première ſévérité juridique exercée contre les Chrétiens, fut celle de *Domitien* ; mais elle ſe borna à un exil qui ne dura pas une année : *facile cæptum repreſſit reſtitutis quos ipſe relegaverat*, dit *Tertullien*. *Lactance*, dont le ſtile eſt ſi emporté, convient que depuis *Domitien* juſqu'à *Décius* l'Egliſe fut tranquille & floriſſante. Cette longue paix, Chap. 3. dit-il, fut interrompue quand cet exécrable animal *Decius* opprima l'Egliſe : *poſt multos annos extitit execrabile animal Decius qui vexaret eccleſiam.*

On ne veut point diſcuter ici le ſentiment du ſavant *Dodwel*, ſur le petit nombre des martirs ; mais ſi les Romains avaient tant perſécuté la Religion Chrétienne, ſi le Sénat avait fait mourir tant d'innocens par des ſuplices inuſités, s'ils avaient plongé des Chrétiens dans l'huile bouil-

céron dans la philoſophie, vous y verrez qu'*il n'y a qu'un Dieu*, qu'*il faut l'adorer*, *l'aimer*, *travailler à lui reſſembler par la ſainteté & par la juſtice. Epictète* dans les fers, *Marc-Antonin* ſur le trône, diſent la même choſe en cent endroits.

lante, s'ils avaient exposé des filles toutes nues aux bêtes dans le Cirque, comment auraient-ils laissé en paix tous les premiers Evêques de Rome? *St. Irenée* ne compte pour martir parmi ces Evêques que le seul *Télesphore* dans l'an 139. de l'Ere vulgaire, & on n'a aucune preuve que ce *Télesphore* ait été mis à mort. *Zéphirin* gouverna le troupeau de Rome pendant dix-huit années, & mourut paisiblement l'an 219. Il est vrai que dans les anciens martyrologes, on y place presque tous les premiers Papes; mais le mot de *martyr* n'était pris alors que suivant sa véritable signification : *martire* voulait dire *témoignage*, & non pas *suplice*.

Il est difficile d'accorder cette fureur de persécution avec la liberté qu'eurent les Chrétiens d'assembler cinquante-six Conciles, que les écrivains Ecclésiastiques comptent dans les trois premiers siécles.

Il y eut des persécutions; mais si elles avaient été aussi violentes qu'on le dit, il est vraisemblable que *Tertullien*, qui écrivit avec tant de force contre le culte reçu, ne serait pas mort dans son lit. On sait bien que les Empereurs ne lurent pas son apologétique, qu'un écrit obscur composé en Afrique ne parvient pas à ceux qui sont chargés du gouvernement du monde; mais il devait être connu de ceux qui approchaient le Proconsul d'Afrique; il devait attirer beaucoup de haine à l'auteur; cependant il ne soufrit point le martire.

Origène enseigna publiquement dans Aléxandrie, & ne fut point mis à mort. Ce même *Origène* qui parlait avec tant de liberté aux Payens & aux Chrétiens, qui annonçait JESUS aux uns, qui niait un Dieu en trois personnes aux autres, avoue expressément dans son troisième livre contre *Celse*, qu'*il y a eu très peu de martirs, & encor de loin à loin*; *cependant*, dit-il, *les Chrétiens ne négligent rien pour faire embrasser leur religion par tout le monde; ils courent dans les villes, dans les bourgs, dans les villages.*

Il est certain que ces courses continuelles pouvaient être aisément accusées de sédition par les prêtres ennemis, & pourtant ces missions sont tolérées malgré le peuple Egyptien, toujours turbulent, séditieux & lâche, peuple qui avait déchiré un Romain pour avoir tué un chat, peuple en tout tems méprisable, quoi qu'en disent les admirateurs des pyramides. *c*)

c) Cette assertion doit être prouvée. Il faut convenir que depuis que l'histoire a succédé à la fable, on ne

Qui devait plus ſoulever contre lui les prêtres & le gouvernement que *St. Grégoire Taumatur-*

voit dans les Egyptiens qu'un peuple auſſi lâche que ſuperſtitieux. *Cambyſe* s'empare de l'Egypte par une ſeule bataille : *Alexandre* y donne des loix ſans eſſuier un ſeul combat, ſans qu'aucune ville oſe attendre un ſiége : les *Ptolomées* s'en emparent ſans coup férir ; *Céſar* & *Auguſte* la ſubjuguent auſſi aiſément. *Omar* prend toute l'Egypte en une ſeule campagne ; les Mammelucs, peuples de la Colchide & des environs du mont Caucaſe, en ſont les maîtres après *Omar ;* ce ſont eux, & non les Egyptiens, qui défont l'armée de *St. Louïs*, & qui prennent ce Roi priſonnier. Enfin, les Mammelucs étant devenus Egyptiens, c'eſt-à-dire, mous, lâches, inappliqués, volages, comme les habitans naturels de ce climat, ils paſſent en trois mois ſous le joug de *Selim I.* qui fait pendre leur Soudan, & qui laiſſe cette province annexée à l'Empire des Turcs, juſqu'à ce que d'autres barbares s'en emparent un jour.

Hérodote raporte que dans les tems fabuleux, un Roi Egyptien nommé *Séſoſtris* ſortit de ſon pays dans le deſſein formel de conquérir l'univers : il eſt viſible qu'un tel deſſein n'eſt digne que de *Pycrocole* ou de *Don-Quichote* ; & ſans compter que le nom de *Séſoſtris* n'eſt point Egyptien, on peut mettre cet événement, ainſi que tous les faits antérieurs, au rang des *mille & une nuits.* Rien n'eſt plus commun chez les peuples conquis, que de débiter des fables ſur leur ancienne grandeur, comme

ge, disciple d'*Origène* ? *Grégoire* avait vû pendant la nuit un vieillard envoyé de Dieu, ac-

dans certains pays, certaines misérables familles se font descendre d'antiques Souverains. Les prêtres d'Egypte contèrent à *Hérodote* que ce Roi qu'il appelle *Sésostris*, était allé subjuguer la Colchide; c'est comme si on disait qu'un Roi de France partit de la Touraine pour aller subjuguer la Norvège.

On a beau répéter tous ces contes dans mille & mille volumes, ils n'en sont pas plus vraisemblables; il est bien plus naturel que les habitans robustes & féroces du Caucase, les Colcidiens, & les autres Scythes, qui vinrent tant de fois ravager l'Asie, pénétrèrent jusqu'en Egypte: & si les prêtres de Colchos rapportèrent ensuite chez eux la mode de la circoncision, ce n'est pas une preuve qu'ils ayent été subjugués par les Egyptiens. *Diodore* de Sicile raporte que tous les Rois vaincus par *Sésostris* venaient tous les ans du fond de leurs Royaumes lui apporter leurs tributs, & que *Sésostris* se servait d'eux comme de chevaux de carosse, qu'il les faisait atteler à son char pour aller au temple. Ces histoires de *Gargantua* sont tous les jours fidélement copiées. Assurément ces Rois étaient biens bon de venir de si loin servir ainsi de chevaux.

Quant aux pyramides, & aux autres antiquités, elles ne prouvent autre chose que l'orgueil, & le mauvais goût des Princes d'Egypte, & l'esclavage d'un peuple imbécille, employant ses bras qui étaient son

compagné d'une femme resplendissante de lumiére : cette femme était la Ste. Vierge, & ce vieillard était *St. Jean* l'Evangeliste. *St. Jean* lui dicta un symbole, que *St. Grégoire* alla prêcher. Il passa en allant à Néocésarée, près d'un temple où l'on rendait des oracles, & où la pluye l'obligea de passer la nuit ; il y fit plusieurs signes de croix. Le lendemain, le grand Sacrificateur du temple fut étonné que les démons qui lui ré-

seul bien, à satisfaire la grossiére ostentation de ses maîtres. Le gouvernement de ce peuple, dans les tems mêmes que l'on vante si fort, parait absurde & tyrannique : on prétend que toutes les terres appartenaient à leurs Monarques. C'était bien à de pareils esclaves à conquérir le monde !

Cette profonde science des prêtres Egyptiens est encor un des plus énormes ridicules de l'histoire ancienne, c'est-à-dire de la fable. Des gens qui prétendaient que dans le cours d'onze mille années le Soleil s'était levé deux fois au couchant, & couché deux fois au levant, en recommençant son cours, étaient sans doute bien au-dessous de l'auteur de l'almanach de Liége. La religion de ces prêtres qui gouvernaient l'Etat, n'était pas comparable à celle des peuples les plus sauvages de l'Amérique : on sait qu'ils adoraient des crocodiles, des singes, des chats, des oignons ; & il n'y a peut-être

pondaient auparavant ne voulaient plus rendre d'oracles ; il les appella ; les diables vinrent pour lui dire qu'ils ne viendraient plus ; ils lui apprirent qu'ils ne pouvaient plus habiter ce temple, parce que Grégoire y avait paſſé la nuit, & qu'il y avait fait des ſignes de croix. Le Sacrificateur fit ſaiſir *Grégoire*, qui lui répondit, *Je peux chaſſer les démons d'où je veux, & les faire entrer où il me plaira. Faites les donc rentrer dans mon temple*, dit le Sacrificateur. Alors

aujourd'hui dans toute la terre que le culte du grand *Lama* qui ſoit auſſi abſurde.

Leurs arts ne valent guères mieux que leur religion ; il n'y a pas une ſeule ancienne ſtatue Egyptienne qui ſoit ſuportable, & tout ce qu'ils ont eu de bon a été fait dans Alexandrie ſous les *Ptolomées* & ſous les *Céſars*, par des artiſtes de Gréce : ils ont eu beſoin d'un Grec pour aprendre la Géométrie.

L'illuſtre *Boſſuet* s'extaſie ſur le mérite Egyptien, dans ſon *diſcours ſur l'hiſtoire univerſelle* adreſſé au fils de *Louïs XIV.* Il peut éblouir un jeune Prince, mais il contente bien peu les ſavans ; c'eſt une très éloquente déclamation, mais un hiſtorien doit être plus philoſophe qu'orateur. Au reſte on ne donne cette réflexion ſur les Egyptiens que comme une conjecture : quel autre nom peut-on donner à tout ce qu'on dit de l'antiquité ?

Grégoire déchira un petit morceau d'un volume qu'il tenait à la main, & y traça ces paroles, *Grégoire à Sathan, je te commande de rentrer dans ce temple;* on mit ce billet ſur l'autel; les démons obéirent, & rendirent ce jour là leurs oracles comme à l'ordinaire; après quoi ils ceſſérent, comme on le ſait.

C'eſt *St. Grégoire de Nyſſe* qui raporte ces faits dans la vie de *St. Grégoire Taumaturge.* Les prêtres des idoles devaient ſans doute être animés contre *Grégoire*, & dans leur aveuglement le déférer au Magiſtrat; cependant leur plus grand ennemi n'eſſuia aucune perſécution.

Il eſt dit dans l'hiſtoire de *St. Ciprien*, qu'il fut le premier Evêque de Carthage condamné à la mort. Le martire de *St. Ciprien* eſt de l'an 258. de nôtre Ere; donc pendant un très long-tems aucun Evêque de Carthage ne fut immolé pour ſa religion. L'hiſtoire ne nous dit point quelles calomnies s'élevèrent contre *St. Ciprien*, quels ennemis il avait, pourquoi le Proconſul d'Afrique fut irrité contre lui. *St. Ciprien* écrit à *Cornelius* Evêque de Rome : *Il arriva depuis peu une émotion populaire à Cartage, & on cria par deux fois qu'il falait me jetter aux lions.* Il eſt bien vraiſemblable que les emportemens du peuple féroce de Cartage furent enfin cauſe de la mort de *Ciprien*; & il eſt bien ſûr que ce ne fût pas l'Empereur *Gallus* qui le condamna de ſi loin pour ſa religion, puiſqu'il laiſſait en paix *Corneille* qui vivait ſous ſes yeux.

Tant de cauſes ſecrettes ſe mêlent ſouvent à la cauſe aparente, tant de reſſorts inconnus ſervent à perſécuter un homme, qu'il eſt impoſſible de démêler dans les ſiécles poſtérieurs, la ſource cachée des malheurs des hommes les plus conſidérables, à plus forte raiſon celle du ſupplice d'un particulier qui ne pouvait être connu que par ceux de ſon parti.

Remarquez que *St. Grégoire Taumaturge*, & *St. Denis* Evêque d'Alexandrie, qui ne furent point ſuppliciés, vivaient dans le tems de *St. Ciprien*. Pourquoi étant auſſi connus pour le moins que cet Evêque de Carthage, demeurèrent-ils paiſibles? & pourquoi *St. Ciprien* fut-il livré au ſuplice? N'y a-t-il pas quelque aparence que l'un ſuccomba ſous des ennemis perſonnels & puiſſans, ſous la calomnie, ſous le prétexte de la raiſon d'Etat, qui ſe joint ſi ſouvent à la religion, & que les autres eurent le bonheur d'échaper à la méchanceté des hommes?

Il n'eſt guères poſſible que la ſeule accuſation de chriſtianiſme ait fait périr *St. Ignace*, ſous le clément & juſte *Trajan*, puiſqu'on permit aux Chrétiens de l'accompagner & de le conſoler quand on le conduiſit à Rome. *d)* Il y avait eu

d) On ne révoque point en doute la mort de *St. Ignace*; mais qu'on liſe la rélation de ſon martire, un homme de bon ſens ne ſentira-t-il pas quelques doutes s'élever dans ſon eſprit ? L'auteur inconnu de cette rélation dit, que *Trajan crut qu'il manquerait quelque choſe à ſa gloire, s'il ne ſoumettait à ſon empire le Dieu des Chrétiens.* Quelle idée ! *Trajan* était-il un homme qui voulût triompher des Dieux ? Lorſqu'*Ignace* parut devant l'Empereur, ce Prince lui dit, *Qui es-tu, eſprit impur ?* Il n'eſt guères vraiſemblable qu'un Empereur ait parlé à un priſonnier, & qu'il l'ait condamné lui-même; ce n'eſt pas ainſi que les Souverains en uſent. Si *Trajan* fit venir *Ignace* devant lui, il ne lui demanda pas, *Qui es-tu ?* il le ſavait bien. Ce mot, *eſprit impur*, a-t-il pû être prononcé par un homme comme *Trajan* ? Ne voit-on pas que c'eſt une expreſſion d'exorciſte, qu'un Chrétien met dans la bouche d'un Empereur ? Eſt-ce là, bon Dieu ! le ſtile de *Trajan* ?

Peut-on imaginer qu'*Ignace* lui ait répondu qu'il ſe nommait *Théophore*, parce qu'il portait JESUS dans ſon cœur, & que *Trajan* eût diſſerté avec lui ſur JESUS-CHRIST ? On fait dire à *Trajan*, à la fin de la con-

ſouvent des ſéditions dans Antioche, ville toujours turbulente, où *Ignace* était Evêque ſecret des Chrétiens : peut-être ces ſéditions malignement imputées aux Chrétiens innocens, excitèrent l'attention du Gouvernement, qui fut trom-

verſation, *Nous ordonnons qu'Ignace, qui ſe glorifie de porter en lui le crucifié, ſera mis aux fers &c.* Un ſophiſte ennemi des Chrètiens pouvait appeller JESUS-CHRIST *le crucifié*; mais il n'eſt guères probable que dans un arrêt on ſe fût ſervi de ce terme. Le ſupplice de la croix était ſi uſité chez les Romains, qu'on ne pouvait dans le ſtile des loix déſigner par *le crucifié* l'objet du culte des Chrétiens, & ce n'eſt pas ainſi que les loix & les Empereurs prononcent leurs jugemens.

On fait enſuite écrire une longue lettre par *St. Ignace* aux Chrétiens de Rome; *Je vous écris*, dit-il, *tout enchainé que je ſuis.* Certainement, s'il lui fut permis d'écrire aux Chrétiens de Rome, ces Chrétiens n'étaient donc pas recherchés; *Trajan* n'avait donc pas deſſein de ſoumettre leur Dieu à ſon Empire; ou ſi ces Chrétiens étaient ſous le fléau de la perſécution, *Ignace* commettait une très grande imprudence en leur écrivant; c'était les expoſer, les livrer, c'était ſe rendre leur délateur.

Il ſemble que ceux qui ont rédigé ces actes devaient avoir plus d'égard aux vraiſemblances & aux convenances. Le martyre de *St. Policarpe* fait naître encor

pé, comme il eſt trop ſouvent arrivé.

St. Siméon, par exemple, fut accuſé devant *Sapor* d'être l'eſpion des Romains. L'hiſtoire de ſon martire raporte que le Roi *Sapor* lui propoſa d'adorer le Soleil; mais on ſait que les Perſes ne rendaient point de culte au Soleil, ils le regardaient comme une emblême du bon Principe, *Doromaſe*, ou *Oroſmade*, du Dieu Créateur qu'ils reconnaiſſaient.

Quelque tolérant que l'on puiſſe être, on ne peut s'empêcher de ſentir quelque indignation contre ces déclamateurs, qui accuſent *Dioclétien* d'avoir perſécuté les Chrétiens, depuis qu'il fut ſur le trône; raportons-nous-en à *Euſèbe de Ceſarée*, ſon témoignage ne peut être recuſé; le favori, le panégiriſte de *Conſtantin*, l'ennemi violent des Empereurs précédens, doit en être cru quand il les juſtifie: voici ſes paroles:

„ Les

plus de doutes. Il eſt dit qu'une voix cria du haut du ciel, *courage*, *Policarpe*! que les Chrétiens l'entendirent, mais que les autres n'entendirent rien: il eſt dit que quand on eut lié *Policarpe* au poteau, & que le bucher fut en flammes, ces flammes s'écartèrent de lui, & formèrent un arc au-deſſus de ſa tête, qu'il en ſortit une colombe,

„ Les Empereurs donnèrent longtems aux Chré-
„ tiens de grandes marques de bienveillance; ils
„ leur confiérent des provinces; plusieurs Chré-
„ tiens demeurèrent dans le palais; ils épousé-
„ rent même des Chrétiennes; *Dioclétien* prit
„ pour son épouse *Prisca*, dont la fille fut fem-
„ me de *Maximien Galère &c.*

Hist. Ecclesiast. Liv. 8.

Qu'on apprenne donc de ce témoignage décisif à ne plus calomnier; qu'on juge si la persécution excitée par *Galère* après dix-neuf ans d'un règne de clémence & de bienfaits, ne doit pas avoir sa source dans quelque intrigue que nous ne connaissons pas.

Qu'on voye combien la fable de la légion Thébaine ou Thébéenne, massacrée, dit-on, toute entiére pour la Religion, est une fable absurde. Il est ridicule qu'on ait fait venir cette légion d'Asie par le grand St. Bernard; il est impossible qu'on l'eût appellée d'Asie pour venir

colombe, que le saint respecté par le feu exhala une odeur d'aromates qui embauma toute l'assemblée; mais que celui dont le feu n'osait aprocher ne put résister au tranchant du glaive. Il faut avouer qu'on doit pardonner à ceux qui trouvent dans ces histoires plus de piété que de vérité.

apaiſer une ſédition dans les Gaules, un an après que cette ſédition avait été réprimée : il n'eſt pas moins impoſſible qu'on ait égorgé ſix mille hommes d'infanterie, & ſept cent cavaliers, dans un paſſage où deux cent hommes pouraient arrêter une armée entiére. La rélation de cette prétendue boucherie commence par une impoſture évidente : *quand la terre gémiſſait ſous la tirannie de Dioclétien, le ciel ſe peuplait de martirs :* Or cette avanture, comme on l'a dit, eſt ſuppoſée en 286. tems où *Dioclétien* favoriſait le plus les Chrétiens, & où l'Empire Romain fut le plus heureux. Enfin ce qui devrait épargner toutes ces diſcuſſions, c'eſt qu'il n'y eut jamais de légion Thébaine : les Romains étaient trop fiers & trop ſenſés pour compoſer une légion de ces Egyptiens qui ne ſervaient à Rome que d'eſclaves, *Verna Canopi* : c'eſt comme s'ils avaient eu une légion Juive. Nous avons les noms des trente-deux légions qui faiſaient les principales forces de l'Empire Romain ; aſſurément la légion Thébaine ne s'y trouve pas. Rangeons donc ce conte avec les vers acroſtiches des Sibylles qui prédiſaient les miracles de JESUS-CHRIST, &

avec tant de piéces supposées qu'un faux zèle prodigua pour abuser la crédulité.

CHAPITRE X.

Du danger des fausses légendes, & de la persécution.

LE mensonge en a trop longtems imposé aux hommes; il est tems qu'on connaisse le peu de vérités qu'on peut démêler à travers ces nuages de fables qui couvrent l'histoire Romaine, depuis *Tacite* & *Suétone*, & qui ont presque toujours envelopé les annales des autres nations anciennes.

Comment peut-on croire, par exemple, que les Romains, ce peuple grave & sévère de qui nous tenons nos loix, ayent condamné des vierges chrétiennes, des filles de qualité, à la prostitution? C'est bien mal connaître l'austère dignité de nos législateurs, qui punissaient si sévérement les faiblesses des Vestales. *Les actes sincères* de *Ruinart* raportent ces turpitudes; mais doit-on croire aux *Actes* de *Ruinart*, comme aux Actes des Apôtres ? Ces *Actes sincères* disent après *Bollandus*, qu'il y avait dans la ville d'Ancire sept vierges chrétiennes, d'environ soixante & dix ans chacune, que le Gouverneur *Théodecte* les condamna à passer par les mains des jeunes gens de la ville, mais que ces vierges ayant été épargnées (comme de raison), il les obligea de servir toutes nuës aux mistères de *Diane*; auxquels, pourtant, on n'assista jamais qu'avec un voile. *S. Théodote*, qui à la vérité était cabaretier, mais qui n'en était pas moins zélé, pria Dieu ardemment de vouloir bien faire mourir ces saintes filles de peur qu'elles ne succombassent à la tentation : Dieu l'exauça ; le Gouverneur les fit jetter dans un lac avec une pierre au cou : elles apparurent aussi-tôt à *Théodote*, & le priérent de ne pas souffrir *que leurs corps fussent mangés des poissons* : ce furent leurs propres paroles.

Le St. Cabaretier & ses compagnons allérent pendant la nuit au bord du lac gardé par des soldats ; un flambeau céleste marcha toujours devant eux, & quand ils furent au lieu où étaient les gardes, un cavalier céleste armé de toutes piéces poursuivit ces gardes la lance à la main :

St. Théodote retira du lac les corps des vierges : il fut mené devant le Gouverneur, & le cavalier céleste n'empêcha pas qu'on ne lui tranchât la tête. Ne cessons de répéter que nous vénérons les vrais Martirs, mais qu'il est difficile de croire cette histoire de *Bollandus* & de *Ruinart.*

Faut-il rapporter ici le conte du jeune *St. Romain?* On le jetta dans le feu, dit *Eusèbe*, & des Juifs qui étaient présens insultèrent à JESUS-CHRIST qui laissait bruler ses confesseurs, après que Dieu avait tiré *Sidrac*, *Mizac* & *Abdenago* de la fournaise ardente. A peine les Juifs eurent-ils parlé, que *St. Romain* sortit triomphant du bucher : l'Empereur ordonna qu'on lui pardonnat, & dit au Juge qu'il ne voulait rien avoir à démêler avec Dieu, (étranges paroles pour *Dioclétien* !) Le Juge, malgré l'indulgence de l'Empereur, commanda qu'on coupat la langue à *St. Romain* ; & quoiqu'il eût des bourreaux, il fit faire cette opération par un médécin. Le jeune *Romain* né bègue, parla avec volubilité dès qu'il eut la langue coupée. Le médecin essuia une reprimande, & pour montrer que l'opération était faite selon les règles de l'art, il prit un passant, & lui coupa juste autant de langue qu'il en avait coupé à *St. Romain*, de quoi le paſſant mourut ſur le champ : *car*, ajoute ſavamment l'auteur, *l'anatomie nous aprend qu'un homme ſans langue ne ſaurait vivre.* En vérité, ſi *Euſébe* a écrit de pareilles fadaiſes, ſi on ne les a point ajoutées à ſes écrits, quel fonds peut-on faire ſur ſon hiſtoire ?

On nous donne le martire de *Ste. Félicité* & de ſes ſept enfans, envoyés, dit-on, à la mort par le ſage & pieux *Antonin*, ſans nommer l'auteur de la rélation. Il eſt bien vraiſemblable que quelque auteur plus zélé que vrai, a voulu imiter l'hiſtoire des *Macabées* ; c'eſt ainſi que commence la rélation : *Ste. Félicité était Romaine, elle vivait ſous le règne d'Antonin* : il eſt clair par ces paroles, que l'auteur n'était pas contemporain de *Ste. Félicité* : il dit que le Préteur les jugea ſur ſon tribunal dans le champ de *Mars* ; mais le Préfet de Rome tenait ſon tribunal au Capitole, & non au champ de *Mars*, qui après avoir ſervi à tenir les Comices, ſervait alors aux revues des ſoldats, aux courſes, aux jeux militaires : cela ſeul démontre la ſuppoſition.

Il eſt dit encor, qu'après le jugement, l'Empereur commit à différens juges le ſoin de faire exécuter l'arrêt; ce qui eſt entiérement contraire à toutes les formalités de ces tems-là, & à celles de tous les tems.

Il y a de même un *Saint Hippolite*, que l'on ſuppoſe trainé par des chevaux, comme *Hippolite* fils de *Théſée*. Ce ſupplice ne fut jamais connu des anciens Romains; & la ſeule reſſemblance du nom a fait inventer cette fable.

Obſervez encor que dans les rélations des martyres, compoſées uniquement par les Chrétiens mêmes, on voit preſque toujours une foule de Chrétiens venir librement dans la priſon du condamné, le ſuivre au ſuplice, recueillir ſon ſang, enſevelir ſon corps, faire des miracles avec les reliques. Si c'était la religion ſeule qu'on eût perſécutée, n'aurait-on pas immolé ces Chrétiens déclarés qui aſſiſtaient leurs frères condamnés, & qu'on accuſait d'opérer des enchantemens avec les reſtes des corps martiriſés? ne les aurait-on pas traités comme nous avons traité les Vaudois, les Albigeois, les Huſſites, les différentes ſectes des Proteſtans? nous les avons égorgés, brulés en foule, ſans diſtinction ni d'âge ni de ſexe. Y a-t-il dans les rélations avérées des perſécutions anciennes un ſeul trait qui approche de la *St. Barthelemi*, & des maſſacres d'Irlande ? y en a-t-il un ſeul qui reſſemble à la fète annuelle qu'on célèbre encor dans Toulouſe, fète cruelle, fète aboliſſable à jamais, dans laquelle un peuple entier remercie Dieu en proceſſion, & ſe félicite d'avoir égorgé il y a deux cent ans quatre mille de ſes concitoyens ?

Je le dis avec horreur, mais avec vérité, c'eſt nous Chrétiens, c'eſt nous qui avons été perſécuteurs, boureaux, aſſaſſins ! & de qui ? de nos frères. C'eſt nous qui avons détruit cent villes le crucifix, ou la bible, à la main, & qui n'avons ceſſé de répandre le ſang, & d'allumer des buchers, depuis le règne de *Conſtantin* juſqu'aux fureurs des Cannibales qui habitaient les Cévennes ; fureurs, qui graces au ciel ne ſubſiſtent plus aujourd'hui.

Nous envoyons encor quelquefois à la potence, de pauvres gens du Poitou, du Vivarais, de Valence, de Montauban. Nous avons pendu depuis 1745. huit perſonnages de ceux qu'on appelle Prédicans, ou Miniſtres de l'Evangile, qui n'avaient d'autre crime que d'avoir prié Dieu pour le Roi en patois, & d'avoir donné une goute de vin & un morceau de pain levé à quelques payſans imbécilles. On ne ſait rien de cela dans Paris, où le plaiſir eſt la ſeule choſe importante, où l'on ignore tout ce qui ſe paſſe en province & chez les étrangers. Ces procès ſe font en une heure, & plus vite qu'on ne juge un déſerteur. Si le Roi en était inſtruit, il ferait grace.

On ne traite ainſi les Prêtres Catholiques en aucun pays Proteſtant. Il y a plus de cent Prêtres Catholiques en Angleterre & en Irlande, on les connait, on les a laiſſé vivre très paiſiblement dans la derniére guerre.

Serons-nous toujours les derniers à embraſſer les opinions ſaines des autres nations? Elles ſe ſont corrigées, quand nous corrigerons-nous? Il a falu ſoixante ans pour nous faire adopter ce que *Neuton* avait démontré; nous commençons à peine à oſer ſauver la vie à nos enfans par l'inoculation; nous ne pratiquons que depuis très peu de tems les vrais principes de l'agriculture; quand commencerons-nous à pratiquer les vrais principes de l'humanité? & de quel front pouvons-nous reprocher aux Payens d'avoir fait des martyrs, tandis que nous avons été coupables de la même cruauté dans les mêmes circonstances ?

Accordons que les Romains ont fait mourir une multitude de Chrétiens pour leur seule Religion ; en ce cas, les Romains ont été très condamnables. Voudrions-nous commettre la même injustice ? & quand nous leur reprochons d'avoir perſécuté, voudrions-nous être perſécuteurs ?

S'il ſe trouvait quelqu'un aſſez dépourvû de bonne foi, ou aſſez fanatique, pour me dire ici, Pourquoi venez-vous déveloper nos erreurs & nos fautes ? pourquoi détruire nos faux miracles & nos fauſſes légendes ? elles ſont l'aliment de la pieté de pluſieurs perſonnes ; il y a des erreurs néceſſaires ; n'arrachez pas du corps un ulcère invétéré qui entrainerait avec lui la deſtruction du corps : voici ce que je lui répondrais.

Tous ces faux miracles par leſquels vous ébranlez la foi qu'on doit aux véritables, toutes ces légendes abſurdes que vous ajoutez aux vérités de l'Evangile, éteignent la Religion dans les cœurs ; trop de perſonnes qui veulent s'inſtruire, & qui n'ont pas le tems de s'inſtruire aſfez, disent, Les maîtres de ma religion m'ont trompé, il n'y a donc point de religion ; il vaut mieux se jetter dans les bras de la nature que dans ceux de l'erreur ; j'aime mieux dépendre de la loi naturelle que des inventions des hommes. D'autres ont le malheur d'aller encor plus loin ; ils voyent que l'imposture leur a mis un frein, & ils ne veulent pas même du frein de la vérité, ils penchent vers l'athéisme ; on devient dépravé parce que d'autres ont été fourbes & cruels.

Voilà certainement les conséquences de toutes les fraudes pieuses, & de toutes les superstitions. Les hommes d'ordinaire ne raisonnent qu'à demi ; c'est un très mauvais argument que de dire, *Voraginé* l'auteur de la légende dorée, & le Jésuite *Ribadeneira* compilateur de *la fleur des Saints*, n'ont dit que des sotises, donc il n'y a point de Dieu : Les Catholiques ont égorgé un certain nombre d'Huguenots, & les Huguenots à leur tour ont assassiné un certain nombre de Catholiques ; donc il n'y a point de Dieu : On s'est servi de la confession, de la communion & de tous les sacremens, pour commettre les crimes les plus horribles, donc il n'y a point de Dieu : Je conclurais au contraire, donc il y a un Dieu, qu'après cette vie passagère, dans laquelle nous l'avons tant méconnu, & tant commis de crimes en son nom, daignera nous consoler de tant d'horribles malheurs ; car à considérer les guerres de Religion, les quarante schismes des Papes, qui ont presque tous été sanglans, les impostures qui ont presque toutes été funestes, les haines irréconciliables allumées par les différentes opinions, à voir tous les maux qu'a produits le faux zèle, les hommes ont eu long-tems leur enfer dans cette vie.

CHAPITRE XI.

Abus de l'intolérance.

MAis quoi ! sera-til permis à chaque citoyen de ne croire que sa raison, & de penser ce que cette raison éclairée ou trompée lui dictera ? Il le faut bien *, pourvu qu'il ne trouble point l'ordre ; car il ne dépend pas de l'homme de croire, ou de ne pas croire ; mais il

* *Voyez* l'excellente lettre de *Loke* sur la tolérance.

dépend de lui de respecter les usages de sa patrie : & si vous disiez que c'est un crime de ne pas croire à la Religion dominante, vous accuseriez donc vous-même les premiers Chrétiens vos pères, & vous justifieriez ceux que vous accusez de les avoir livrés aux suplices.

Vous répondez que la différence est grande, que toutes les Religions sont les ouvrages des hommes, & que l'Eglise Catholique Apostolique & Romaine est seule l'ouvrage de Dieu. Mais en bonne foi, parce que nôtre Religion est divine, doit-elle régner par la haine, par les fureurs, par les exils, par l'enlévement des biens, les prisons, les tortures, les meurtres, & par les actions de graces rendues à Dieu pour ces meurtres? Plus la Religion Chrétienne est divine, moins il appartient à l'homme de la commander; si Dieu l'a faite, Dieu la soutiendra sans vous. Vous savez que l'intolérance ne produit que des hypocrites ou des rebelles; quelle funeste alternative! Enfin, voudriez-vous soutenir par des boureaux la Religion d'un Dieu que des boureaux ont fait périr, & qui n'a prêché que la douceur & la patience?

Voyez, je vous prie, les conséquences affreuſes du droit de l'intolérance : s'il était permis de dépouiller de ſes biens, de jetter dans les cachots, de tuer un citoyen, qui ſous un tel degré de latitude ne profeſſerait pas la Religion admiſe ſous ce degré, quelle exception exempterait les premiers de l'Etat des mêmes peines ? La Religion lie également le Monarque & les mendians : auſſi, plus de cinquante docteurs ou moines ont affirmé cette horreur monſtrueuſe, qu'il était permis de dépoſer, de tuer les Souverains qui ne penſeraient pas comme l'Egliſe dominante ; & les Parlemens du Royaume n'ont ceſſé de proſcrire ces abominables déciſions d'abominables Théologiens *a*).

Le ſang de *Henri le Grand* fumait encore, quand

a) Le Jéſuite *Buſembaum*, commenté par le Jéſuite *La Croix*, dit, qu'*il eſt permis de tuer un Prince excommunié par le Pape, dans quelque pays qu'on trouve ce Prince, parce que l'univers appartient au Pape, & que celui qui accepte cette commiſſion fait une œuvre très charitable*. C'eſt cette propoſition inventée dans les petites maiſons de l'enfer, qui a le plus ſoulevé toute la France contre les Jéſuites. On leur a reproché alors plus que jamais ce dogme ſi ſouvent enſeigné par eux & ſi ſouvent déſavoué. Ils ont cru ſe juſtifier en montrant à peu près les mêmes déciſions dans *St. Thomas* & dans

le Parlement de Paris donna un arrêt qui établissait l'indépendance de la Couronne, comme une loi fondamentale. Le Cardinal *Duperron* qui devait la pourpre à *Henri le grand*, s'éleva dans les Etats de 1614. contre l'arrêt du Parlement, & le fit suprimer. Tous les journaux du tems raportent les termes dont *Duperron* se servit dans ses harangues : *Si un Prince se faisait Arien*, dit-il, *on serait bien obligé de le déposer*.

Non assurément, Monsieur le Cardinal ; on veut bien adopter vôtre supposition chimérique, qu'un de nos Rois ayant lû l'histoire des Conciles & des Pères, frappé, d'ailleurs, de ces paroles, *mon père est plus grand que moi*, les prenant trop à la lettre, & balançant entre le

plusieurs Jacobins. * En effet *St. Thomas d'Aquin*, Docteur Angelique, interprète de la volonté divine, ce sont ses titres, avance qu'un Prince apostat perd son droit à la Couronne, & qu'on ne doit plus lui obéir: ** que l'Eglise peut le punir de mort: qu'on n'a toleré l'Empereur *Julien* que parce qu'on n'était pas le plus

* Voyez si vous pouvez la *lettre* d'un homme du monde à un Théologien sur *St. Thomas*; c'est une brochure de Jésuite de 1762.

** Livre II. part. 2. question 12.

concile de Nicée & celui de Conſtantinople, ſe déclara pour *Euſèbe de Nicomédie*, je n'en obéirai pas moins à mon Roi, je ne me croirai pas moins lié par le ſerment que je lui ai fait; & ſi vous oſiez vous ſoulever contre lui, & que je fuſſe un de vos juges, je vous déclarerais criminel de Lèze Majeſté.

Duperron pouſſa plus loin la diſpute, & je l'abrège. Ce n'eſt pas ici le lieu d'aprofondir ces chimères révoltantes; je me bornerai à dire avec tous les citoyens, que ce n'eſt pas parce que *Henri*

fort: * que de droit on doit tuer tout hérétique: ** que ceux qui délivrent le peuple d'un Prince qui gouverne tiranniquement, ſont très louables, &c. &c. On reſpecte fort l'Ange de l'école; mais ſi dans les tems de *Jaques Clément* ſon confrère, & du Feuillant *Ravaillac*, il était venu ſoutenir en France de telles propoſitions, comment aurait-on traité l'Ange de l'école?

Il faut avouer que *Jean Gerſon*, Chancelier de l'Univerſité, alla encor plus loin que *St. Thomas*, & le Cordelier *Jean Petit* infiniment plus loin que *Gerſon*. Pluſieurs Cordeliers ſoutinrent les horribles Thèſes de *Jean*

* Liv. II. part. 2. queſtion 12.

** Ibid. queſtion 11. & 12.

Henri IV. fut ſacré à Chartres qu'on lui devait obéiſſance, mais parce que le droit inconteſtable de la naiſſance donnait la couronne à ce Prince, qui la méritait par ſon courage & par ſa bonté.

Qu'il ſoit donc permis de dire que tout citoyen doit hériter, par le même droit, des biens de ſon père, & qu'on ne voit pas qu'il mérite d'en être privé, & d'être traîné au gibet, parce qu'il ſera du ſentiment de *Ratram* contre *Paſcaſe Ratberg*, & de *Bérenger* contre *Scot*.

On ſait que tous nos dogmes n'ont pas toujours été clairement expliqués, & univerſellement reçus dans notre Egliſe. JESUS-CHRIST

Jean Petit. Il faut avouer que cette doctrine diabolique du Régicide vient uniquement de la folle idée où ont été longtems préſque tous les moines, que le Pape eſt un Dieu en terre, qui peut diſpoſer à ſon gré du trône & de la vie des Rois. Nous avons été en cela fort au deſſous de ces Tartares qui croyent le grand *Lama* immortel; il leur diſtribue ſa chaiſe percée, ils font ſécher ces reliques, les enchaſſent, & les baiſent dévotement. Pour moi, j'avoue que j'aimerais mieux pour le bien de la paix porter à mon cou de telles reliques, que de croire que le Pape ait le moindre droit ſur le temporel des Rois, ni même ſur le mien, en quelque cas que ce puiſſe être.

ne nous ayant point dit comment procédait le St. Esprit, l'Eglise Latine crut long-tems avec la Grecque, qu'il ne procédait que du père : enfin elle ajouta au symbole, qu'il procédait aussi du fils. Je demande, si le lendemain de cette décision, un citoyen qui s'en serait tenu au symbole de la veille eût été digne de mort? La cruauté, l'injustice serait-elle moins grande, de punir aujourd'hui celui qui penserait comme on pensait autrefois ? Etait-on coupable du tems d'*Honorius Ier.* de croire que JESUS n'avait pas deux volontés ?

Il n'y a pas long-tems que l'immaculée conception est établie : les Dominicains n'y croyent pas encore. Dans quel tems les Dominicains commenceront-ils à mériter des peines dans ce monde, & dans l'autre ?

Si nous devons apprendre de quelqu'un à nous conduire dans nos disputes interminables, c'est certainement des Apôtres & des Evangelistes. Il y avait de quoi exciter un schisme violent entre *St. Paul* & *St. Pierre. Paul* dit expressément dans son Epitre au Galates qu'il résista en face à *Pierre*, parce que *Pierre* était répréhensible, parce qu'il usait de dissimulation aussi bien que *Barnabé*, parce qu'ils mangeaient avec les Gentils avant l'arrivée de *Jaques*; & qu'ensuite ils se retirèrent secrettement, & se séparèrent des Gentils de peur d'offenser les circoncis. *Je vis*, ajoute-il, *qu'ils ne marchaient pas droit selon l'Evangile : je dis à Céphas ; Si vous Juif, vivez comme les Gentils, & non comme les Juifs, pourquoi obligez-vous les Gentils à judaïser ?*

C'était là un sujet de querelle violente. Il s'agissait de savoir si les nouveaux Chrétiens judaïseraient ou non. *St. Paul* alla dans ce tems-là même sacrifier dans le temple de Jérusalem. On sait que les quinze premiers Evêques de Jérusalem furent des Juifs circoncis, qui observèrent le Sabat & qui s'abstinrent des viandes défendues. Un Evèque Espagnol ou Portugais qui se ferait circoncire & qui observerait le Sabat, serait brulé dans un *auto-da-fé*. Cependant la paix ne fut alterée pour cet objet fondamental ni parmi les Apôtres, ni parmi les premiers Chrétiens.

Si les Evangelistes avaient ressemblé aux écrivains modernes, ils avaient un champ bien vaste pour combattre les uns contre les autres. *St. Matthieu* compte vingt-huit générations depuis

David jusqu'à Jesus. *St. Luc* en compte quarante-une ; & ces générations sont absolument différentes. On ne voit pourtant nulle dissension s'élever entre les Disciples sur ces contrariétés apparentes très bien conciliées par plusieurs Pères de l'Eglise. La charité ne fut point blessée, la paix fut conservée. Quelle plus grande leçon de nous tolérer dans nos disputes, & de nous humilier dans tout ce que nous n'entendons pas ?

St. Paul dans son Epitre à quelques Juifs de Rome convertis au Christianisme, employe toute la fin du 3. chapitre à dire que la seule foi glorifie, & que les œuvres ne justifient personne. *St. Jaques*, au contraire, dans son Epitre aux douze tribus dispersées par toute la terre, chapitre 2. ne cesse de dire qu'on ne peut être sauvé sans les œuvres. Voilà ce qui a séparé deux grandes communions parmi nous, & ce qui ne divisa point les Apôtres.

Si la persécution contre ceux avec qui nous disputons, était une action sainte, il faut avouer que celui qui aurait fait tuer le plus d'hérétiques serait le plus grand Saint du Paradis. Quelle figure y ferait un homme qui se serait contenté de dépouiller ses frères, & de les plonger dans des cachots, auprès d'un zélé qui en aurait massacré des centaines le jour de la *St. Barthelemi?* En voici la preuve.

Le successeur de *St. Pierre* & son consistoire ne peuvent errer ; ils approuvèrent, célébrèrent, consacrèrent l'action de la *St. Barthelemi* ; donc cette action était très sainte, donc de deux assassins égaux en piété celui qui aurait éventré vingt-quatre femmes grosses huguenotes, doit être élevé en gloire du double de celui qui n'en aura éventré que douze : par la même raison les fanatiques des Cévennes devaient croire qu'ils seraient élevés en gloire à proportion du nombre des prêtres, des religieux, & des femmes Catholiques qu'ils auraient égorgés. Ce sont là d'étranges titres pour la gloire éternelle.

CHAPITRE XII.

Si l'intolérance fut de Droit Divin dans le Judaïsme, & si elle fut toujours mise en pratique?

ON appelle, je crois, *Droit Divin*, les préceptes que Dieu a donnés lui-même. Il voulut que les Juifs mangeassent un agneau cuit avec des laitues, & que les convives le mangeassent debout, un bâton à la main, en commémoration du *Phasé*; il ordonna que la consécration du grand prêtre se ferait en mettant du sang à son oreille droite, à sa main droite, & à son pied droit; coutumes extraordinaires pour nous, mais non pas pour l'antiquité; il voulut qu'on chargeat le bouc *Hazael* des iniquités du peuple; il défendit qu'on se nourrit de poissons sans écailles, de porcs, de liévres, de hérissons, de hiboux, de grifons, d'ixions &c.

Deut. chap. 14.

Il institua les fêtes, les cérémonies; toutes ces choses qui semblaient arbitraires aux autres nations, & soumises au droit positif, à l'usage, étant commandées par Dieu même, devenaient un droit divin pour les Juifs, comme tout ce que JESUS-CHRIST fils de *Marie*, fils de DIEU, nous a commandé, eſt de droit divin pour nous.

Gardons nous de rechercher ici pourquoi Dieu a ſubſtitué une loi nouvelle, à celle qu'il avait donnée à *Moyſe*, & pourquoi il avait commandé à *Moyſe* plus de choſes qu'au Patriarche *Abraham* & plus à *Abraham* qu'à *Noé*. *a*) Il ſem-

a) Dans l'idée que nous avons de faire ſur cet ouvrage quelques notes utiles, nous remarquerons ici, qu'il eſt dit que Dieu fit une alliance avec *Noé*, & avec tous les animaux; & cependant, il permet à *Noé* de *manger de tout ce qui a vie & mouvement*; il excepte ſeulement le ſang, dont il ne permet pas qu'on ſe nourriſſe. Dieu ajoute, *qu'il tirera vengeance de tous les animaux qui auront répandu le ſang de l'homme.*

On peut inférer de ces paſſages & de pluſieurs autres ce que toute l'antiquité a toujours penſé juſqu'à nos jours, & ce que tous les hommes ſenſés penſent, que les animaux ont quelques connaiſſances. Dieu ne fait point un pacte avec les arbres & avec les pierres, qui n'ont point de ſentiment; mais il en fait un avec les animaux, qu'il a daigné douer d'un ſentiment ſouvent plus exquis que le nôtre, & de quelques idées néceſſairement attachées à ce ſentiment. C'eſt pourquoi il ne veut pas qu'on ait la barbarie de ſe nourrir de leur ſang, parce

ble qu'il daigne se proportionner aux tems & à la population du genre humain; c'est une gradation paternelle; mais ces abimes sont trop profonds pour nôtre débile vue; tenons nous dans les bornes de nôtre sujet; voyons d'abord ce qu'était l'intolérance chez les Juifs.

Il est vrai que dans l'Exode, les Nombres, le Lévitique, le Deutéronome, il y a des loix

qu'en effet le sang est la source de la vie, & par conséquent du sentiment. Privez un animal de tout son sang, tous ses organes restent sans action. C'est donc avec très grande raison que l'Ecriture dit en cent endroits que l'ame, c'est-à-dire ce qu'on appellait l'ame sensitive, est dans le sang; & cette idée si naturelle a été celle de tous les peuples.

C'est sur cette idée qu'est fondée la commisération que nous devons avoir pour les animaux. Des sept préceptes des *Noachides*, admis chez les Juifs, il y en a un qui défend de manger le membre d'un animal en vie. Ce précepte prouve que les hommes avaient eu la cruauté de mutiler les animaux pour manger leurs membres coupés, & qu'ils les laissaient vivre, pour se nourrir successivement des parties de leur corps. Cette coutume subsista en effet chez quelques peuples barbares, comme on le voit par les sacrifices de l'Ile de Chio, à *Bacchus Omadios*, le mangeur de chair crue. Dieu en permettant que les animaux nous servent de pâture, recommande

très sévères sur le culte, & des châtimens plus sévères encore. Plusieurs commentateurs ont de la peine à concilier les récits de *Moïse* avec les passages de *Jérémie* & d'*Amos*, & avec le célébre discours de *St. Etienne*, raporté dans les Actes des Apôtres. *Amos* dit que les Juifs adorèrent Amos ch. 5. v. 26.
toujours dans le desert *Moloc*, *Remphan* & *Kium*. *Jérémie* dit expressément, que Dieu ne demanda

donc quelque humanité envers eux. Il faut convenir qu'il y a de la barbarie à les faire souffrir, & il n'y a certainement que l'usage qui puisse diminuer en nous l'horreur naturelle d'égorger un animal que nous avons nourri de nos mains. Il y a toujours eu des peuples qui s'en sont fait un grand scrupule ; ce scrupule dure encor dans la presqu'Ile de l'Inde ; toute la secte de *Pithagore*, en Italie & en Grèce, s'abstint constamment de manger de la chair. *Porphire* dans son livre de l'abstinence reproche à son disciple de n'avoir quitté sa secte que pour se livrer à son appetit barbare.

Il faut, ce me semble, avoir renoncé à la lumière naturelle, pour oser avancer que les bêtes ne sont que des machines. Il y a une contradiction manifeste à convenir que Dieu a donné aux bêtes tous les organes du sentiment, & à soutenir qu'il ne leur a point donné de sentiment.

Il me paraît encor qu'il faut n'avoir jamais observé les animaux pour ne pas distinguer chez eux les différentes

Jérem. ch. 7. v. 22. aucun sacrifice à leurs péres quand ils sortirent d'Egypte. *St. Etienne* dans son discours aux Juifs, Actes des Ap. ch. 7. & 42. s'exprime ainsi : „ Ils adorèrent l'armée du ciel, „ ils n'offrirent ni sacrifices, ni hosties dans le „ desert pendant quarante ans, ils portèrent le „ tabernacle du Dieu *Moloc*, & l'astre de leur „ dieu *Rempham.*

D'autres critiques inférent du culte de tant de

voix du besoin, de la soufrance, de la joye, de la crainte, de l'amour, de la colère & de toutes leurs affections; il serait bien étrange qu'elles exprimassent si bien ce qu'elles ne sentiraient pas.

Cette remarque peut fournir beaucoup de réflexions aux esprits exercés, sur le pouvoir & la bonté du créateur, qui daigne accorder la vie, le sentiment, les idées, la mémoire aux êtres que lui-même a organisés de sa main toute-puissante. Nous ne sçavons ni comment ces organes se sont formés, ni comment ils se dévelopent, ni comment on reçoit la vie, ni par quelles loix les sentimens, les idées, la mémoire, la volonté sont attachés à cette vie : & dans cette profonde & éternelle ignorance, inhérente à notre nature, nous disputons sans cesse, nous nous persécutons les uns les autres, comme les taureaux qui se battent avec leurs cornes, sans savoir pourquoi & comment ils ont des cornes.

dieux étrangers, que ces dieux furent tolérés par *Moïse*, & ils citent en preuves ces paroles du Deutéronome : *Quand vous serez dans la terre de Canaan, vous ne ferez point comme nous faisons aujourd'hui, où chacun fait ce qui lui semble bon.* b) Deut. ch. 12. v. 8.

Ils apuient leur sentiment sur ce qu'il n'est parlé d'aucun acte religieux du peuple dans le

b) Plusieurs écrivains concluent témérairement de ce passage, que le chapitre concernant le veau d'or (qui n'est autre chose que le dieu *Apis*) a été ajouté aux livres de *Moïse*, ainsi que plusieurs autres chapitres.

Aben-Ezra fut le premier qui crut prouver que le Pentateuque avait été rédigé du tems des Rois. *Volaston*, *Colins*, *Tindale*, *Shaftsburi*, *Bolingbroke*, & beaucoup d'autres ont allégué que l'art de graver ses pensées sur la pierre polie, sur la brique, sur le plomb ou sur le bois était alors la seule manière d'écrire ; ils disent que du tems de *Moïse*, les Caldéens & les Egyptiens n'écrivaient pas autrement, qu'on ne pouvait alors graver que d'une manière très abrégée, & en hiéroglifes, la substance des choses qu'on voulait transmettre à la postérité, & non pas des histoires détaillées ; qu'il n'était pas possible de graver de gros livres dans un désert où l'on changeait si souvent de demeure, où l'on n'avait personne qui pût ni fournir des vêtemens,

déſert, point de Pâque célébrée, point de Pentecôte, nulle mention qu'on ait célébré la fête

ni les tailler, ni même raccommoder les ſandales, & où Dieu fut obligé de faire un miracle de quarante années pour conſerver les vêtemens & les chauſſures de ſon peuple. Ils diſent qu'il n'eſt pas vraiſemblable qu'on eût tant de graveurs de caractères, lorſqu'on manquait des arts les plus néceſſaires, & qu'on ne pouvait même faire du pain : & ſi on leur dit que les colonnes du tabernacle étaient d'airain, & les chapiteaux d'argent maſſif, ils répondent que l'ordre a pu en être donné dans le déſert, mais qu'il ne fut exécuté que dans des temps plus heureux.

Ils ne peuvent concevoir que ce peuple pauvre ait demandé un veau d'or maſſif pour l'adorer au pied de la montagne même où Dieu parlait à *Moïſe*, au milieu des foudres & des éclairs que ce peuple voyait, & au ſon de la trompette céleſte qu'il entendait. Ils s'étonnent que la veille du jour même où *Moïſe* deſcendit de la montagne, tout ce peuple ſe ſoit adreſſé au frère de *Moïſe* pour avoir ce veau d'or maſſif. Comment *Aaron* le jetta-t-il en fonte en un ſeul jour ? Comment enſuite *Moïſe* le réduiſit-il en poudre ? Ils diſent qu'il eſt impoſſible à tout artiſte de faire en moins de trois mois une ſtatue d'or, & que pour la réduire en poudre qu'on puiſſe avaler, l'art de la chimie la plus ſçavante ne ſuffit pas; ainſi, la prévarication d'*Aaron*, & l'opération de

des tabernacles, nulle priére publique établie ; enfin, la circonciſion, ce ſceau de l'alliance de *Moïſe* auraient été deux miracles.

L'humanité, la bonté de cœur qui les trompe, les empêche de croire que *Moïſe* ait fait égorger vingt-trois mille perſonnes pour expier ce péché : ils n'imaginent pas que vingt-trois mille hommes ſe ſoient ainſi laiſſés maſſacrer par des Lévites, à moins d'un troiſième miracle. Enfin, ils trouvent étrange qu'*Aaron*, le plus coupable de tous, ait été récompenſé du crime dont les autres étaient ſi horriblement punis, & qu'il ait été fait grand prêtre, tandis que les cadavres de vingt-trois mille de ſes frères ſanglants, étaient entaſſés au pied de l'autel où il allait ſacrifier.

Ils font les mêmes difficultés ſur les vingt-quatre mille Iſraëlites maſſacrés par l'ordre de *Moïſe*, pour expier la faute d'un ſeul qu'on avait ſurpris avec une fille Moabite. On voit tant de Rois Juifs, & ſurtout *Salomon*, épouſer impunément des étrangères, que ces critiques ne peuvent admettre que l'alliance d'une Moabite ait été un ſi grand crime : *Ruth* était Moabite, quoique ſa famille fût originaire de Bethléem : la ſainte Ecriture l'appelle toujours *Ruth la Moabite* ; cependant, elle alla ſe mettre dans le lit de *Booz* par le conſeil de ſa mère, elle en reçut ſix boiſſeaux d'orge, l'épouſa enſuite, & fut l'ayeule de *David*. *Raab* était non-ſeulement étrangère, mais une femme publique ; la vulgate ne lui donne d'au-

DIEU avec *Abraham*, ne fut point pratiquée.

Josué ch. 14. v. 15. & suiv. Ils se prévalent encor de l'histoire de *Josué*. Ce

tre titre que celui de *meretrix*; elle épousa *Salmon* prince de Juda; & c'est encor de ce *Salmon* que *David* descend. On regarde même *Raab* comme la figure de l'Eglise Chrétienne; c'est le sentiment de plusieurs Pères, & surtout d'*Origène* dans sa 7e homélie sur *Josué*.

Betzabé femme d'*Urie*, de laquelle *David* eut *Salomon*, était Ethéenne. Si vous remontez plus haut, le patriarche *Juda* épousa une femme Cananéenne; ses enfans eurent pour femme *Thamar* de la race d'*Aram*: cette femme avec laquelle *Juda* commit, sans le savoir, un inceste, n'était pas de la race d'*Israël*.

Ainsi nôtre Seigneur JESUS-CHRIST daigna s'incarner chez les Juifs dans une famille dont cinq étrangères étaient la tige, pour faire voir que les nations étrangères auraient part à son héritage.

Le Rabin *Aben Ezra* fut, comme on la dit, le premier qui osa prétendre que le Pentateuque avait été rédigé longtems après *Moïse*: il se fonde sur plusieurs passages. » Le Cananéen était alors dans ce païs. La » montagne de Moria, appellée la montagne de Dieu. » Le lit de *Og*, Roi de Bazan se voit encore en *Rabath*, & il appella tout ce pays de Bazan, les villages de Jaïr, jusqu'aujourd'hui. Il ne s'est jamais » vu de prophête en Israël comme *Moyse*. Ce sont » ici les Rois qui ont régné en Edom avant qu'aucun

conquérant dit aux Juifs ; „ L'option vous est „ donnée, choisissez quel parti il vous plaira, ou

„ Roi régnat sur Israël. « Il prétend que ces passages, où il est parlé de choses arrivées après *Moïse*, ne peuvent être de *Moïse*. On répond à ces objections, que ces passages sont des notes ajoutées longtems après par les copistes.

Newton, de qui d'ailleurs on ne doit prononcer le nom qu'avec respect, mais qui a pu se tromper puisqu'il était homme, attribue dans son introduction à ses commentaires sur *Daniel* & sur *St. Jean*, les livres de *Moïse*, de *Josué* & des *Juges*, à des auteurs sacrés très-postérieurs ; il se fonde sur le chap. 36. de la Genèse, sur quatre chap. des Juges, 17. 18. 19. 21. sur *Samuël* ch. 8. sur les Chroniques chap. 2. sur le livre de *Ruth* chap. 4. En effet, si dans le chap. 36. de la Genèse il est parlé des Rois, s'il en est fait mention dans les livres des Juges, si dans le livre de *Ruth* il est parlé de *David*, il semble que tous ces livres ayent été rédigés du temps des Rois. C'est aussi le sentiment de quelques Théologiens, à la tête desquels est le fameux *Le Clerc*. Mais cette opinion n'a qu'un petit nombre de sectateurs dont la curiosité sonde ces abîmes. Cette curiosité, sans doute, n'est pas au rang des devoirs de l'homme. Lorsque les savans & les ignorans, les Princes & les bergers, paraîtront après cette courte vie devant le Maître de l'éternité : chacun de nous alors, voudra avoir été juste, humain,

„ d'adorer les dieux que vous avez servis dans
„ le païs des Amorréens, ou ceux que vous avez

„ recon-

compatissant, généreux : nul ne se vantera d'avoir su précisément en quelle année le Pentateuque fut écrit, & d'avoir démêlé le texte des notes qui étaient en usage chez les Scribes. Dieu ne nous demandera pas si nous avons pris parti pour les Massorétes contre le Talmud, si nous n'avons jamais pris un *caph* pour un *beth*, un *yod* pour un *vaü*, un *daleth* pour un *res* : certes il nous jugera sur nos actions, & non sur l'intelligence de la langue Hébraïque. Nous nous en tenons fermement à la décision de l'Eglise ; selon le devoir raisonnable d'un fidèle.

Finissons cette note par un passage important du Lévitique, livre composé après l'adoration du veau d'or. Levit. ch. 17. Il ordonne aux Juifs de ne plus adorer les velus, *les boucs avec lesquels même ils ont commis des abominations infames.* On ne sait si cet étrange culte venait d'Egypte, patrie de la superstition & du sortilège ; mais on croit que la coutume de nos prétendus sorciers d'aller au sabbath, d'y adorer un bouc, & de s'abandonner avec lui à des turpitudes inconcevables, dont l'idée fait horreur, est venue des anciens Juifs : en effet, ce furent eux qui enseignèrent dans une partie de l'Europe la sorcellerie. Quel peuple ! Une si étrange infamie semblait mériter un châtiment pareil à celui que le veau d'or leur attira, & pourtant le législateur se contente de leur faire une simple

„ reconnus en Mésopotamie : le peuple répond,
„ Il n'en sera pas ainsi, nous servirons *Adonaï.*

simple défense. On ne raporte ici ce fait que pour faire connaître la nation Juive : il faut que la bestialité ait été commune chez elle, puisqu'elle est la seule nation connue, chez qui les loix ayent été forcées de prohiber un crime, qui n'a été soupçonné ailleurs par aucun Législateur. Levit. ch. 18. v. 23.

Il est à croire que dans les fatigues & dans la pénurie que les Juifs avaient essuiées dans les déserts de Pharan, d'Oreb, & de Cadés-barné, l'espèce féminine, plus faible que l'autre, avait succombé. Il faut bien qu'en effet les Juifs manquassent de filles, puisqu'il leur est toujours ordonné, quand ils s'emparent d'un bourg ou d'un village, soit à gauche, soit à droite du lac Asphaltide, de tuer tout, excepté les filles nubiles.

Les Arabes qui habitent encor une partie de ces déserts, stipulent toujours dans les traités qu'ils font avec les caravanes, qu'on leur donnera des filles nubiles. Il est vraisemblable que les jeunes gens dans ces pays affreux poussèrent la dépravation de la nature humaine, jusqu'à s'accoupler avec des chèvres, comme on le dit de quelques bergers de la Calabre.

Il reste maintenant à savoir si ces accouplemens avaient produit des monstres, & s'il y a quelque fondement aux anciens contes des Satires, des Faunes, des Centaures & des Minotaures ; l'histoire le dit, la physique ne nous a pas encor éclairés sur cet article monstrueux.

Josué leur repliqua, Vous avez choisi vous-mê-
„ mes, ôtez donc du milieu de vous les dieux
„ étrangers. " Ils avaient donc eu incontestablement d'autres dieux qu'*Adonaï* sous *Moïse*.

Il est très inutile de réfuter ici les critiques qui pensent que le Pentateuque ne fut pas écrit par *Moïse*; tout a été dit dès longtems sur cette matiére; & quand même quelque petite partie des livres de *Moïse* aurait été écrite du tems des Juges, ou des Rois, ou des Pontifes, ils n'en feraient pas moins inspirés & moins divins.

C'est assez, ce me semble, qu'il soit prouvé par la Ste. Ecriture, que malgré la punition extraordinaire attirée aux Juifs par le culte d'*Apis*, ils conservèrent longtems une liberté entiére: peut-être même que le massacre que *Moïse* fit de vingt-trois mille hommes pour le veau érigé par son frère, lui fit comprendre qu'on ne gagnait rien par la rigueur, & qu'il fut obligé de fermer les yeux sur la passion du peuple pour les dieux étrangers.

Nomb. ch. 21. v. 9. Lui-même semble bientôt transgresser la loi qu'il a donnée. Il a défendu tout simulacre, cependant il érige un serpent d'airain. La même exception à la loi se trouve depuis dans le temple de *Salomon*; ce Prince fait sculpter douze bœufs qui soutiennent le grand bassin du temple; des chérubins sont posés dans l'arche, ils ont une tête d'aigle & une tête de veau; & c'est apparemment cette tête de veau mal faite, trouvée dans le temple par les soldats Romains, qui fit croire longtems que les Juifs adoraient un âne.

En vain le culte des dieux étrangers est défendu; *Salomon* est paisiblement idolâtre. *Jéroboam* à qui Dieu donna dix parts du Royaume, fait ériger deux veaux d'or, & régne vingt-deux ans, en réunissant en lui les dignités de Monarque & de Pontife. Le petit Royaume de Juda dresse sous *Roboam* des autels étrangers & des statues. Le saint Roi *Asa* ne détruit point les hauts lieux. Le grand prêtre *Urias* érige dans le temple à la place de l'autel des holocaustes, un autel du Roi de Sirie. On ne voit, en un mot, aucune contrainte sur la religion. Je sais que la plupart des Rois Juifs s'exterminèrent, s'assassinèrent les uns les autres, mais ce fut toujours pour leur intérêt, & non pour leur créance.

Liv. IV. des Rois ch. 16.

Il est vrai que parmi les Prophètes il y en eut qui intéressérent le ciel à leur vengeance. *Elie* fit descendre le feu céleste pour consumer les prê-

Liv. III. des Rois ch. 18. v. 38. & 40.

Liv. IV. des Rois chap. 2. v. 24.

tres de *Baal. Elisée* fit venir des ours pour dévorer quarante-deux petits enfans qui l'avaient appellé *tête chauve*; mais ce sont des miracles rares, & des faits qu'il serait un peu dur de vouloir imiter.

Nomb. chap. 31.

On nous objecte encor que le peuple Juif fut très ignorant & très barbare. Il est dit que dans la guerre qu'il fit aux Madianites, *c*) *Moïse* ordonna de tuer tous les enfans mâles & toutes les mères, & de partager le butin. Les vain-

c) Madian n'était point compris dans la terre promise: c'est un petit canton de l'Idumée dans l'Arabie pétrée; il commence vers le septentrion au torrent d'Arnon, & finit au torrent de Zared, au milieu des rochers, & sur le rivage oriental du lac Asphaltide. Ce pays est habité aujourd'hui par une petite horde d'Arabes: il peut avoir huit lieues ou environ de long, & un peu moins en largeur.

d) Il est certain par le texte que *Jephté* immola sa fille. *Dieu n'approuva pas ces dévouemens*, dit *Don Calmet*, dans sa dissertation sur le vœu de *Jephté*; *mais lorsqu'on les a faits, il veut qu'on les exécute, ne fût-ce que pour punir ceux qui les faisaient, ou pour réprimer la légéreté qu'on aurait eu à les faire, si on n'en avait pas craint l'exécution. St. Augustin*, & presque tous les Pères, condamnent l'action de *Jephté*: il est vrai que l'E-

queurs trouvèrent dans le camp 675000 brebis, 72000 bœufs, 61000 anes, & 32000 jeunes filles; ils en firent le partage, & tuèrent tout le reste. Plusieurs commentateurs même prétendent que trente-deux filles furent immolées au Seigneur : *cesserunt in partem domini triginta duæ animæ.*

En effet, les Juifs immolaient des hommes à la Divinité, témoin le sacrifice de *Jephté d)*, témoin le Roi *Agag e)* coupé en morceaux par

criture dit, qu'*il fut rempli de l'esprit de Dieu* ; & *St. Paul* dans son épître aux Hébreux chap. 11. fait l'éloge de *Jephté* ; il le place avec *Samuel* & *David.*

St. Jerôme dans son épître à *Julien*, dit, *Jephté immola sa fille au Seigneur, & c'est pour cela que l'Apôtre le compte parmi les Saints.* Voilà de part & d'autre des jugemens sur lesquels il ne nous est pas permis de porter le nôtre ; on doit craindre même d'avoir un avis.

e) On peut regarder la mort du Roi *Agag* comme un vrai sacrifice. *Saül* avait fait ce Roi des Amalécites prisonnier de guerre, & l'avait reçu à composition ; mais le prêtre *Samuel* lui avait ordonné de ne rien épargner : il lui avait dit en propres mots, *Tuez tout, depuis l'homme jusqu'à la femme, jusqu'aux petits enfans, & ceux qui sont encor à la mammelle.* I. des Rois ch. 15.

Samuel coupa le Roi Agag en morceaux, devant le Seigneur, à Galgal.

Ezech. ch. 39. v. 18. par le prêtre *Samuël. Ezéchiel* même leur promet pour les encourager, qu'ils mangeront de la chair humaine. *Vous mangerez*, dit-il, *le*

» Le zèle dont ce Prophête était animé, dit *Don Calmet*, » lui mit l'épée en main dans cette occasion, » pour venger la gloire du Seigneur, & pour confon- » dre *Saül*.

On voit dans cette fatale avanture un dévouëment, un prêtre, une victime; c'était donc un sacrifice.

Tous les peuples dont nous avons l'histoire, ont sacrifié des hommes à la Divinité, excepté les Chinois. *Plutarque* raporte que les Romains mêmes en immolèrent du tems de la République.

On voit dans les commentaires de *César*, que les Germains allaient immoler les ôtages qu'il leur avait donnés, lorsqu'il délivra ces ôtages par sa victoire.

J'ai remarqué ailleurs que cette violation du droit des gens envers les ôtages de *César*, & ces victimes humaines immolées, pour comble d'horreur, par la main des femmes, dément un peu le panégirique que *Tacite* fait des Germains dans son traité *De moribus Germanorum*. Il paraît que dans ce traité *Tacite* songe plus à faire la satire des Romains, que l'éloge des Germains qu'il ne connaissait pas.

Disons ici en passant que *Tacite* aimait encor mieux la satire que la vérité. Il veut rendre tout odieux, jusqu'aux actions indiférentes; & sa malignité nous plaît

cheval & le cavalier, vous boirez le ſang des Princes. On ne trouve dans toute l'hiſtoire de ce peuple aucun trait de généroſité, de magna-

preſque autant que ſon ſtile, parce que nous aimons la médiſance & l'eſprit.

Revenons aux victimes humaines. Nos pères en immolaient auſſi-bien que les Germains; c'eſt le dernier degré de la ſtupidité de notre nature abandonnée à elle-même, & c'eſt un des fruits de la faibleſſe de nôtre jugement. Nous dimes: Il faut offrir à Dieu ce qu'on a de plus précieux & de plus beau: nous n'avons rien de plus précieux que nos enfans; il faut donc choiſir les plus beaux & les plus jeunes pour les ſacrifier à la Divinité.

Philon dit que dans la terre de Canaan on immolait quelquefois ſes enfans avant que Dieu eût ordonné à *Abraham* de lui ſacrifier ſon fils unique *Iſaac* pour éprouver ſa foi.

Sanchoniaton cité par *Euſèbe* raporte que les Phéniciens ſacrifiaient dans les grands dangers le plus cher de leurs enfans, & qu'*Ilus* immola ſon fils *Jehud* à peu près dans le temps que Dieu mit la foi d'*Abraham* à l'épreuve. Il eſt difficile de percer dans les ténèbres de cette antiquité; mais il n'eſt que trop vrai que ces horribles ſacrifices ont été preſque partout en uſage; les peuples ne s'en ſont défaits qu'à meſure qu'ils ſe ſont policés. La politeſſe amène l'humanité.

nimité, de bienfaisance ; mais il s'échape toujours dans le nuage de cette barbarie si longue & si affreuse, des rayons d'une tolérance universelle.

Juges ch. XI. v. 24. *Jephté* inspiré de Dieu, & qui lui immola sa fille, dit aux Ammonites, *Ce que vôtre Dieu Chamos vous a donné ne vous appartient-il pas de droit ? Souffrez donc que nous prenions la terre que nôtre Dieu nous a promise.* Cette déclaration est précise ; elle peut mener bien loin ; mais au moins, elle est une preuve évidente que Dieu tolérait *Chamos.* Car la sainte Ecriture ne dit pas, Vous pensez avoir droit sur les terres que vous dites vous avoir été données par le Dieu *Chamos* ; elle dit positivement, Vous avez droit, *Tibi jure debentur* : ce qui est le vrai sens de ces paroles hébraïques, *Otho thirasch.*

L'histoire de *Michas* & du Lévite, rapportée aux 17. & 18. chapitres du livre des Juges, est bien encor une preuve incontestable de la tolérance & de la liberté la plus grande, admise chez les Juifs. La mère de *Michas*, femme fort riche d'Ephraïm, avait perdu onze cent piéces d'argent, son fils les lui rendit ; elle voua cet argent au Seigneur, & en fit faire des idoles : elle bâtit une petite chapelle, un Lévite desservit la chapelle moyennant dix piéces d'argent, une tunique, un manteau par année & sa nourriture; & *Michas* s'écria, *C'est maintenant que Dieu me fera du bien, puisque j'ai chez moi un prêtre de la race de Lévi.* Ch. 17. v. dernier.

Cependant, six cent hommes de la tribu de *Dan* qui cherchaient à s'emparer de quelque village dans le pays, & à s'y établir, mais n'ayant point de prêtre Lévite avec eux, & en ayant besoin pour que Dieu favorisât leur entreprise, allérent chez *Michas*, & prirent son éphod, ses idoles & son Lévite, malgré les remontrances de ce prêtre, & malgré les cris de *Michas* & de sa mère. Alors ils allèrent avec assurance attaquer le village nommé *Laïs*, & y mirent tout à feu & à sang selon leur coutume. Ils donnèrent le nom de *Dan* à *Laïs* en mémoire de leur victoire; ils placèrent l'idole de *Michas* sur un autel; & ce qui est bien plus remarquable, *Jonathan* petit-fils de *Moyse* fut le grand prêtre de ce Temple où l'on adorait le Dieu d'Israël, & l'idole de *Michas*.

Après la mort de *Gédéon*, les Hébreux adorèrent *Baal-bérith* pendant près de vingt ans, &

renoncèrent au culte d'*Adonaï*, sans qu'aucun Chef, aucun Juge, aucun prêtre criat vengeance. Leur crime était grand, je l'avoue; mais si cette idolatrie même fut tolérée, combien les différences dans le vrai culte ont-elles dû l'être?

Quelques-uns donnent pour une preuve d'intolérance, que le Seigneur lui-même ayant permis que son arche fût prise par les Philistins dans un combat, il ne punit les Philistins qu'en les frappant d'une maladie secrette ressemblante aux hémorrhoïdes, en renversant la statue de *Dagon*, & en envoyant une multitude de rats dans leurs campagnes : mais lorsque les Philistins pour appaiser sa colère eurent renvoyé l'arche attelée de deux vaches qui nourrissaient leurs veaux, & offert à Dieu cinq rats d'or, & cinq anus d'or, le Seigneur fit mourir soixante & dix anciens d'Israël, & cinquante mille hommes du peuple, pour avoir regardé l'arche; on répond que le châtiment du Seigneur ne tombe point sur une créance, sur une différence dans le culte, ni sur aucune idolatrie.

Si le Seigneur avait voulu punir l'idolatrie, il aurait fait périr tous les Philistins qui osérent prendre son arche, & qui adoraient

Dagon; mais il fit périr cinquante mille & soixante & dix hommes de son peuple, uniquement parce qu'ils avaient regardé son arche qu'ils ne devaient pas regarder : tant les loix, les mœurs de ce tems, l'œconomie judaïque différent de tout ce que nous connaissons ; tant les voyes inscrutables de Dieu sont au dessus des nôtres. *La rigueur exercée*, dit le judicieux Don Calmet, *contre ce grand nombre d'hommes, ne paraîtra excessive qu'à ceux qui n'ont pas compris jusqu'à quel point Dieu voulait être craint & respecté parmi son peuple, & qui ne jugent des vuës & des desseins de Dieu qu'en suivant les faibles lumiéres de leur raison.*

Dieu ne punit donc pas un culte étranger, mais une profanation du sien, une curiosité indiscrète, une désobéissance, peut-être même un esprit de révolte. On sent bien que de tels châtimens n'appartiennent qu'à Dieu dans la Théocratie Judaïque. On ne peut trop redire que ces tems & ces mœurs n'ont aucun rapport aux nôtres.

Enfin, lorsque dans des siécles postérieurs *Naaman* l'idolâtre demanda à *Elisée* s'il lui était permis de suivre son Roi dans le temple de Rem-

Liv. IV. des Rois ch. 20. v. 25. non, *& d'y adorer avec lui*, ce même *Elisée* qui avait fait dévorer les enfans par les ours, ne lui répondit-il pas, *Allez en paix?*

Il y a bien plus; le Seigneur ordonne à *Jérémie* de se mettre des cordes au cou, des coliers *f*) & des jougs, de les envoyer aux Roite-

f) Ceux qui sont peu au fait des usages de l'antiquité, & qui ne jugent que d'après ce qu'ils voyent autour d'eux, peuvent être étonnés de ces singularités; mais il faut songer qu'alors dans l'Egypte, & dans une grande partie de l'Asie, la plûpart des choses s'exprimaient par des figures, des hiéroglifes, des signes, des types.

Les Prophêtes, qui s'appellaient *les Voyans* chez les Egyptiens & chez les Juifs, non-seulement s'exprimaient en allégories, mais ils figuraient par des signes les événemens qu'ils annonçaient. Ainsi *Isaïe*, le premier des quatre grands Prophêtes Juifs, prend un rouleau, & y écrit, *Shas bas*, *butinez vite*: puis il s'approche de la prophéteſſe, elle conçoit, & met au monde un fils qu'il appelle *Maher-Salal-Has-bas*; c'est une figure des maux que les peuples d'Egypte & d'Aſſyrie feront aux Juifs. (Isaï. ch. 8.)

Ce Prophéte dit: *Avant que l'enfant soit en âge de manger du beurre & du miel, & qu'il sache réprouver le mauvais & choisir le bon, la terre detestée par vous sera délivrée des deux Rois: le Seigneur siflera aux mouches d'Egypte, & aux abeilles d'Aſſur; le Seigneur prendra un*

lets ou Melchim, de Moab, d'Ammon, d'Edom, de Tyr, de Sidon; & *Jérémie* leur fait dire par le Seigneur, *J'ai donné toutes vos terres à Nabucodonosor Roi de Babylone mon serviteur.* Voilà un Roi idolâtre déclaré serviteur de Dieu & son favori.

Jérém. ch. 27. v. 6.

razoir de louage, & en razera toute la barbe & les poils des pieds du Roi d'Assur.

Cette prophétie des abeilles, de la barbe & du poil des pieds razé, ne peut être entendue que par ceux qui savent que c'était la coutume d'appeller les essaims au son du flageolet ou de quelque autre instrument champêtre; que le plus grand affront qu'on pût faire à un homme était de lui couper la barbe; qu'on appellait le poil des pieds, le poil du pubis; que l'on ne razait ce poil que dans des maladies immondes, comme celle de la lèpre. Toutes ces figures si étrangères à notre stile ne signifient autre chose, sinon, que le Seigneur dans quelques années délivrera son peuple d'oppression.

Le même *Isaïe* marche tout nud, pour marquer que le Roi d'Assyrie emménera d'Egypte & d'Ethiopie une foule de captifs qui n'auront pas de quoi couvrir leur nudité.

If. ch. 20.

Ezéchiel mange le volume de parchemin qui lui est présenté: ensuite il couvre son pain d'excrémens, & demeure couché sur son côté gauche trois cent quatre-vingt-

Ezéch. ch. 4. & suiv.

Le même *Jérémie* que le Melk ou Roitelet Juif *Sédécias* avait fait mettre au cachot, ayant obtenu son pardon de *Sédécias*, lui conseille de la part de Dieu de se rendre au Roi de Babylone:

Jérém. ch. 18. v. 19. *Si vous allez vous rendre à ses officiers*, dit-il, *vôtre ame vivra.* Dieu prend donc enfin le parti d'un Roi idolâtre ; il lui livre l'arche, dont la seule vue avait coûté la vie à cinquante mille soixante & dix Juifs ; il lui livre le Saint des Saints, & le reste du temple qui avait coûté à bâtir cent huit mille talens d'or, un million dix-sept mille talens d'argent & dix mille drachmes d'or,

dix jours, & sur le côté droit quarante jours, pour faire entendre que les Juifs manqueront de pain, & pour signifier les années que devait durer la captivité. Il se charge de chaines, qui figurent celles du peuple ; il coupe ses cheveux & sa barbe, & les partage en trois parties ; le premier tiers désigne ceux qui doivent périr dans la ville ; le second ceux qui seront mis à mort autour des murailles ; le troisième ceux qui doivent être emmenés à Babylone.

Ozée ch. 3. Le Prophête *Ozée* s'unit à une femme adultère, qu'il achète quinze piéces d'argent, & un chomer & demi d'orge : *Vous m'attendrez*, lui dit-il, *plusieurs jours, & pendant ce temps nul homme n'approchera de vous ; c'est l'état où les enfans d'Israël seront longtems sans Rois, sans*

laissés par *David* & ses officiers pour la construction de la maison du Seigneur ; ce qui, sans compter les deniers employés par *Salomon*, monte à la somme de dix-neuf milliards soixante-deux millions, ou environ, au cours de ce jour. Jamais idolatrie ne fut plus récompensée. Je sais que ce compte est exagéré, qu'il y a probablement erreur de copiste ; mais réduisez la somme à la moitié, au quart, au huitiéme même, elle vous étonnera encore. On n'est guères moins surpris des richesses qu'*Hérodote* dit avoir vuës dans le temple d'Ephèse. Enfin, les trésors ne sont rien

Princes, sans sacrifices, sans autels & sans éphod. En un mot, les Nabi, les Voyans, les Prophêtes, ne prédisent presque jamais sans figurer par un signe la chose prédite.

Jérémie ne fait donc que se conformer à l'usage, en se liant de cordes, & en se mettant des coliers & des jougs sur le dos, pour signifier l'esclavage de ceux auxquels il envoye ces types. Si on veut y prendre garde, ces tems-là sont comme ceux d'un ancien monde, qui diffère en tout du nouveau ; la vie civile, les loix, la manière de faire la guerre, les cérémonies de la religion, tout est absolument différent. Il n'y a même qu'à ouvrir *Homère* & le premier livre d'*Hérodote*, pour se convaincre que nous n'avons aucune ressemblance avec

aux yeux de Dieu; & le nom de son serviteur donné à *Nabucodonosor*, est le vrai trésor inestimable.

Isaïe ch. 44. & 45. Dieu ne favorise pas moins le *Kir*, ou *Koresh*, ou *Kosroes*, que nous appellons *Cyrus*; il l'appelle *son Christ*, *son Oint*, quoiqu'il ne fût pas oint, selon la signification commune de ce mot, & qu'il suivit la religion de *Zoroastre*; il l'appelle son *Pasteur*, quoiqu'il fût usurpateur aux yeux des hommes: il n'y a pas dans toute la sainte Ecriture une plus grande marque de prédilection.

Vous

les peuples de la haute antiquité, & que nous devons nous défier de nôtre jugement quand nous cherchons à comparer leurs moeurs avec les nôtres.

La nature méme n'était pas ce qu'elle est aujourdhui. Les magiciens avaient sur elle un pouvoir qu'ils n'ont plus : ils enchantaient les serpens, ils évoquaient les morts &c. Dieu envoyait des songes, & des hommes les expliquaient. Le don de prophétie était commun. On voyait des métamorphoses telles que celles de *Nabucodonosor* changé en boeuf, de la femme de *Loth* en statuë de sel, de cinq villes en un lac bitumineux.

Il y avait des espèces d'hommes qui n'existent plus. La race des géants *Rephaïm*, *Emim*, *Néphilim*, *Enacim* a disparu. *St. Augustin* au livre 5. de *la cité de Dieu*,

dit

Vous voyez dans *Malachie* que *du levant au couchant le nom de Dieu eſt grand dans les nations, & qu'on lui offre partout des oblations pures.* Dieu a ſoin des Ninivites idolâtres comme des Juifs; il les menace, & il leur pardonne. *Melchiſedec* qui n'était point Juif, était Sacrificateur de Dieu. *Balaam* idolâtre était Prophète. L'Ecriture nous apprend donc que non-ſeulement Dieu tolérait tous les autres peuples, mais qu'il en avait un ſoin paternel : & nous oſons être intolérans!

dit avoir vû la dent d'un ancien géant groſſe comme cent de nos molaires. *Ezéchiel* parle des pigmées *Gamadim* hauts d'une coudée, qui combattaient au ſiége de Tyr : & en preſque tout cela les auteurs ſacrés ſont d'accord avec les profanes. Les maladies & les remèdes n'étaient point les mêmes que de nos jours : les poſſédés étaient guéris avec la racine nommée *Barad* enchaſſée dans un anneau qu'on leur mettait ſous le nez.

Enfin tout cet ancien monde était ſi différent du nôtre, qu'on ne peut en tirer aujourd'hui aucune règle de conduite ; & ſi dans cette antiquité reculée les hommes s'étaient perſécutés & opprimés tour à tour au ſujet de leur culte, on ne devrait pas imiter cette cruauté ſous la loi de grace.

CHAPITRE XIII.

Extrême tolérance des Juifs.

AInsi donc sous *Moyse*, sous les Juges, sous les Rois, vous voyez toujours des exemples de tolérance. Il y a bien plus : *Moyse* dit plusieurs fois *que Dieu punit les pères dans les enfans, jusqu'à la quatriéme génération* : cette menace était nécessaire à un peuple à qui Dieu n'avait revélé ni l'immortalité de l'ame, ni les peines & les récompenses dans une autre vie. Ces vérités ne lui furent annoncées ni dans le Décalogue, ni dans aucune loi du Lévitique & du Deutéronome. C'étaient les dogmes des Perses, des Babyloniens, des Egyptiens, des Grecs, des Crétois; mais ils ne constituaient nullement la religion

Exode ch. 20. v. 5.

a) Il n'y a qu'un seul passage dans les loix de *Moïse*, d'où l'on pût conclure qu'il était instruit de l'opinion régnante chez les Egyptiens, que l'ame ne meurt point avec le corps; ce passage est très-important, c'est dans le chap. 18. du Deutéronome : *Ne consultez point les devins qui prédisent par l'inspection des nuées, qui enchantent*

des Juifs. *Moyse* ne dit point, *Honore ton père & ta mère, si tu veux aller au ciel*; mais, *Honore ton père & ta mère, afin de vivre longtems sur la terre* : il ne les menace que de maux corporels, de la galle sèche, de la galle purulente, d'ulcères malins dans les genoux & dans les gras des jambes, d'être exposés aux infidélités de leurs femmes, d'emprunter à usure des étrangers, & de ne pouvoir prêter à usure; de périr de famine, & d'être obligés de manger leurs enfans : mais en aucun lieu il ne leur dit que leurs ames immortelles subiront des tourmens après la mort, ou goûteront des félicités. Dieu qui conduisait lui-même son peuple, le punissait ou le récompensait immédiatement après ses bonnes ou ses mauvaises actions. Tout était temporel; & c'est la preuve que le savant Evêque *Warburton* aporte pour démontrer que la loi des Juifs était divine; *a*) parce que Dieu même étant leur Roi,

Deuter. ch. 28.

les serpens, qui consultent l'esprit de Python, les voyans, les connaisseurs qui interrogent les morts, & leur demandent la vérité.

Il paraît par ce passage, que si l'on évoquait les ames des morts, ce sortilège prétendu supposait la permanence des ames. Il se peut aussi que les magiciens dont

rendant justice immédiatement après la transgression ou l'obéissance, n'avait pas besoin de leur révéler une doctrine qu'il réservait au tems où il ne gouvernerait plus son peuple. Ceux qui par ignorance prétendent que *Moyse* enseignait l'immortalité de l'ame, ôtent au nouveau Testament un de ses plus grands avantages sur l'ancien. Il est constant que la loi de *Moyse* n'annonçait que des châtimens temporels jusqu'à la quatriéme gé-

parle *Moyse*, n'étant que des trompeurs grossiers, n'eussent pas une idée distincte du sortilège qu'ils croyaient opérer. Ils faisaient accroire qu'ils forçaient des morts à parler, qu'ils les remettaient par leur magie dans l'état où ces corps avaient été de leur vivant; sans examiner seulement si l'on pouvait inférer ou non de leurs opérations ridicules le dogme de l'immortalité de l'ame. Les sorciers n'ont jamais été philosophes, ils ont été toujours des jongleurs stupides, qui jouaient devant des imbéciles.

On peut remarquer encor qu'il est bien étrange que le mot de *Python* se trouve dans le Deuteronome, longtemps avant que ce mot Grec pût être connu des Hébreux: aussi le terme *Python* n'est point dans l'Hébreu, dont nous n'avons aucune traduction exacte.

Cette langue a des difficultés insurmontables: c'est un mélange de Phénicien, d'Egyptien, de Syrien & d'A-

nération. Cependant malgré l'énoncé précis de cette loi, malgré cette déclaration expresse de Dieu, qu'il punirait jusqu'à la quatriéme génération, *Ezéchiel* annonce tout le contraire aux Juifs, & leur dit, que le fils ne portera point l'iniquité de son père : il va même jusqu'à faire dire à Dieu, qu'il leur avait donné *des préceptes qui n'étaient pas bons.* (*b*)

Ezéch. ch. 18. v. 20.

Ezéch. ch. 20. v. 25.

Le livre d'*Ezéchiel* n'en fut pas moins inseré

rabe : & cet ancien mélange est très alteré aujourd'hui. L'Hébreu n'eut jamais que deux modes aux verbes, le présent & le futur : il faut deviner les autres modes par le sens. Les voyelles différentes étaient souvent exprimées par les mêmes caractères, ou plutôt ils n'exprimaient pas les voyelles ; & les inventeurs des points n'ont fait qu'augmenter la difficulté. Chaque adverbe a vingt significations différentes. Le même mot est pris en des sens contraires. Ajoutez à cet embarras la sécheresse & la pauvreté du langage : les Juifs privés des arts ne pouvaient exprimer ce qu'ils ignoraient. En un mot l'Hébreu est au Grec ce que le langage d'un paysan est à celui d'un Académicien.

b) Le sentiment d'*Ezéchiel* prévalut enfin dans la synagogue ; mais il y eut toujours des Juifs, qui en croyant aux peines éternelles, croyaient aussi que Dieu poursuivait sur les enfans les iniquités des pères. Au-

dans le canon des auteurs inſpirés de Dieu : il eſt vrai que la Synagogue n'en permettait pas la lecture avant l'âge de trente ans, comme nous l'apprend *St. Jérôme* ; mais c'était de peur que la jeuneſſe n'abuſat des peintures trop naïves

jourd'hui ils ſont punis par-delà la cinquantième génération, & ont encor les peines éternelles à craindre. On demande comment les deſcendans des Juifs qui n'étaient pas complices de la mort de JESUS-CHRIST, ceux qui étant dans Jéruſalem n'y eurent aucune part, & ceux qui étaient répandus ſur le reſte de la terre, peuvent être temporellement punis dans leurs enfans, auſſi innocens que leurs pères ? Cette punition temporelle, ou plutôt, cette manière d'exiſter différente des autres peuples, & de faire le commerce ſans avoir de patrie, peut n'être point regardée comme un châtiment en comparaiſon des peines éternelles qu'ils s'attirent par leur incrédulité, & qu'ils peuvent éviter par une converſion ſincère.

e) Ceux qui ont voulu trouver dans le Pentateuque la doctrine de l'Enfer & du Paradis, tels que nous les concevons, ſe ſont étrangement abuſés : leur erreur n'eſt fondée que ſur une vaine diſpute de mots ; la vulgate ayant traduit le mot Hébreu *Sheol*, la foſſe, par *infernum*, & le mot Latin *infernum* ayant été traduit en français par *enfer*, on s'eſt ſervi de cette équivoque pour faire croire que les anciens Hébreux avaient la notion de l'*Ades* & du *Tartare* des Grecs, que les autres nations

qu'on trouve dans les chapitres 16. & 23. du libertinage des deux sœurs *Olla* & *Ooliba*. En un mot, son livre fut toûjours reçû, malgré sa contradiction formelle avec *Moyse*.

Enfin, *c*) lorsque l'immortalité de l'ame fut

avaient connus auparavant sous d'autres noms.

Il est raporté au chapitre 16. des Nombres, que la terre ouvrit sa bouche sous les tentes de *Coré*, de *Dathan* & d'*Abiron*, qu'elle les dévora avec leurs tentes & leur substance, & qu'ils furent précipités vivans dans la sépultute, dans le souterrain; il n'est certainement question dans cet endroit, ni des ames de ces trois Hébreux, ni des tourmens de l'Enfer, ni d'une punition éternelle.

Il est étrange que dans le Dictionaire Encyclopédique au mot *Enfer*, on dise que les anciens Hébreux *en ont reconnu la réalité*; si cela était, ce serait une contradiction insoutenable dans le Pentateuque. Comment se pourait-il faire que *Moise* eût parlé dans un passage isolé & unique, des peines après la mort, & qu'il n'en eût point parlé dans ses loix? On cite le 32e chapitre du Deutéronome, mais on le tronque; le voici entier: *Ils m'ont provoqué en celui qui n'était pas Dieu, & ils m'ont irrité dans leur vanité, & moi je les provoquerai dans celui qui n'est pas peuple, & je les irriterai dans la nation insensée. Et il s'est allumé un feu dans ma fureur, & il brulera jusqu'au fond de la terre; il dévorera la terre jus-*

un dogme reçu, ce qui probablement avait commencé dès le tems de la captivité de Babylone,

qu'à son germe, & il brulera les fondemens des montagnes; & j'assemblerai sur eux les maux, & je remplirai mes flèches sur eux; ils seront consumés par la faim, les oiseaux les dévoreront par des morsures amères; je lâcherai sur eux les dents des bêtes qui se trainent avec fureur sur la terre, & des serpens.

Y a-t-il le moindre raport entre ces expressions, & l'idée des punitions infernales, telles que nous les concevons? Il semble plutôt que ces paroles n'ayent été raportées que pour faire voir évidemment, que nôtre Enfer était ignoré des anciens Juifs.

L'auteur de cet article cite encor le passage de *Job*, au chap. 24. *L'œil de l'adultère observe l'obscurité, disant, l'œil ne me verra point, & il couvrira son visage; il perce les maisons dans les ténèbres comme il l'avait dit dans le jour, & ils ont ignoré la lumière; si l'aurore apparait subitement, ils la croyent l'ombre de la mort, & ainsi ils marchent dans les ténèbres comme dans la lumière: il est léger sur la surface de l'eau; que sa part soit maudite sur la terre, qu'il ne marche point par la voye de la vigne, qu'il passe des eaux de neige à une trop grande chaleur: & ils ont péché le tombeau*, ou bien, *le tombeau a dissipé ceux qui péchent*, ou bien, (selon les Septante) *leur péché a été rappellé en mémoire.*

Je cite les passages entiers, & littéralement, sans quoi il

la secte des Saducéens persista toujours à croire qu'il n'y avait ni peines ni récompenses après

est toujours impossible de s'en former une idée vraie.

Y a-t-il là, je vous prie, le moindre mot, dont on puisse conclure, que *Moïse* avait enseigné aux Juifs la doctrine claire & simple des peines & des récompenses après la mort ?

Le livre de *Job* n'a nul raport avec les loix de *Moyse*. De plus, il est très vraisemblable que *Job* n'était point Juif; c'est l'opinion de *St. Jerôme* dans ses questions hébraïques sur la Genèse. Le mot *Sathan*, qui est dans *Job*, n'était point connu des Juifs, & vous ne le trouvez jamais dans le Pentateuque. Les Juifs n'apprirent ce nom que dans la Caldée, ainsi que les noms de *Gabriel* & de *Raphael*, inconnus avant leur esclavage à Babylone. *Job* est donc cité ici très mal à propos.

On raporte encor le chapitre dernier d'*Isaïe* : *Et de mois en mois, & de Sabath en Sabath, toute chair viendra m'adorer, dit le Seigneur ; & ils sortiront, & ils verront à la voirie les cadavres de ceux qui ont prévariqué ; leur ver ne mourra point, leur feu ne s'éteindra point, & ils seront exposés aux yeux de toute chair jusqu'à satieté.*

Certainement s'ils sont jettés à la voirie, s'ils sont exposés à la vue des passans jusqu'à satieté, s'ils sont mangés des vers, cela ne veut pas dire que *Moyse* enseigna aux Juifs le dogme de l'immortalité de l'ame ; & ces mots, *Le feu ne s'éteindra point*, ne signifient pas que

la mort, & que la faculté de sentir & de penser périssait avec nous, comme la force active, le

des cadavres qui sont exposés à la vue du peuple subissent les peines éternelles de l'Enfer.

Comment peut-on citer un passage d'*Isaïe* pour prouver que les Juifs du temps de *Moyse* avaient reçu le dogme de l'immortalité de l'ame ? *Isaïe* prophétisait, selon la computation hébraïque, l'án du monde 3380. *Moyse* vivait vers l'an du monde 2500. ; il s'est écoulé huit siècles entre l'un & l'autre. C'est une insulte au sens commun, ou une pure plaisanterie, que d'abuser ainsi de la permission de citer, & de prétendre prouver qu'un auteur a eu une telle opinion, par un passage d'un auteur venu huit cent ans après, & qui n'a point parlé de cette opinion. Il est indubitable que l'immortalité de l'ame, les peines & les récompenses après la mort, sont annoncées, reconnues, constatées dans le Nouveau Testament, & il est indubitable qu'elles ne se trouvent en aucun endroit du Pentateuque.

Les Juifs en croyant depuis l'immortalité de l'ame, ne furent point éclairés sur sa spiritualité ; ils pensèrent comme presque toutes les autres nations, que l'ame est quelque chose de délié, d'aérien, une substance légère, qui retenait quelque aparence du corps qu'elle avait animé ; c'est ce qu'on appellait les ombres, les mânes des corps. Cette opinion fut celle de plusieurs Pères de l'Eglise. *Tertullien* dans son chap. 22. *de l'ame*, s'exprime ainsi :

pouvoir de marcher & de digerer. Ils niaient l'existence des Anges. Ils différaient beaucoup plus

Definimus animam Dei flatu natam, immortalem, corporalem, effigiatam, substantia simplicem; » Nous définissons » l'ame née du soufle de Dieu, immortelle, corporelle, » figurée, simple dans sa substance. «

St. Irenée dit dans son livre II. chap. 34. *Incorporales sunt animæ quantum ad comparationem mortalium corporum.* » Les ames sont incorporelles en comparaison des » corps mortels. « Il ajoute, que » Jesus-Christ a » enseigné que les ames conservent les images du corps; « *Caracterem corporum in quo adoptantur &c.* On ne voit pas que Jesus-Christ ait jamais enseigné cette doctrine, & il est difficile de deviner le sens de *St. Irenée.*

St. Hilaire est plus formel & plus positif dans son commentaire sur *St. Matthieu* : il attribue nettement une substance corporelle à l'ame : *Corpoream naturæ suæ substantiam sortiuntur.*

St. Ambroise sur *Abraham* liv. II. chap. 8. prétend qu'il n'y a rien de dégagé de la matière, si ce n'est la substance de la Ste Trinité.

On pourait reprocher à ces hommes respectables d'avoir une mauvaise philosophie; mais il est à croire qu'au fond leur Théologie était fort saine, puisque ne connaissant pas la nature incompréhensible de l'ame, ils l'assuraient immortelle, & la voulaient Chrétienne.

Nous savons que l'ame est spirituelle, mais nous ne

des autres Juifs, que les Proteſtans ne diffèrent des Catholiques; ils n'en demeurèrent pas moins dans la communion de leurs frères : on vit même

ſavons point du tout ce que c'eſt qu'eſprit. Nous connaiſſons très-imparfaitement la matière, & il nous eſt impoſſible d'avoir une idée diſtincte de ce qui n'eſt pas matière. Très peu inſtruits de ce qui touche nos ſens, nous ne pouvons rien connaître par nous-mêmes de ce qui eſt au-delà des ſens. Nous tranſportons quelques paroles de nôtre langage ordinaire dans les abîmes de la Métaphyſique & de la Théologie, pour nous donner quelque légère idée des choſes que nous ne pouvons ni concevoir, ni exprimer; nous cherchons à nous étayer de ces mots, pour ſoutenir s'il ſe peut nôtre faible entendement dans ces régions ignorées.

Ainſi nous nous ſervons du mot *eſprit*, qui répond à *ſoufle* & *vent*, pour exprimer quelque choſe qui n'eſt pas matière; & ce mot *ſoufle*, *vent*, *eſprit*, nous ramenant malgré nous à l'idée d'une ſubſtance déliée & légère, nous en retranchons encor ce que nous pouvons, pour parvenir à concevoir la ſpiritualité pure; mais nous ne parvenons jamais à une notion diſtincte : nous ne ſavons même ce que nous diſons quand nous prononçons le mot *ſubſtance*; il veut dire, à la lettre, ce qui eſt deſſous; & par cela même il nous avertit qu'il eſt incompréhenſible : car, qu'eſt-ce en effet que ce qui eſt deſſous? La connaiſſance des ſecrets de Dieu n'eſt pas le partage

des grands prêtres de leur secte.

Les Pharisiens croyaient à la fatalité *d*) & à

de cette vie. Plongés ici dans des ténèbres profondes, nous nous battons les uns contre les autres, & nous frapons au hazard au milieu de cette nuit, sans savoir précisément pourquoi nous combatons.

Si on veut bien réfléchir attentivement sur tout cela, il n'y a point d'homme raisonnable qui ne conclue que nous devons avoir de l'indulgence pour les opinions des autres, & en mériter.

Toutes ces remarques ne sont point étrangères au fonds de la question, qui consiste à savoir si les hommes doivent se tolérer : car si elles prouvent combien on s'est trompé de part & d'autre dans tous les tems, elles prouvent que les hommes ont dû dans tous les tems se traiter avec indulgence.

d) Le dogme de la fatalité est ancien & universel : vous le trouvez toujours dans *Homère*. *Jupiter* voudrait sauver la vie à son fils *Sarpedon* ; mais le Destin l'a condamné à la mort ; *Jupiter* ne peut qu'obéir. Le Destin était chez les philosophes ou l'enchainement nécessaire des causes & des effets nécessairement produit par la nature, ou ce même enchainement ordonné par la Providence ; ce qui est bien plus raisonnable. Tout le systême de la fatalité est contenu dans ce vers d'*Anneus Sénèque* : *Ducunt nolentem fata, volentem trahunt*, On est

la Métempſicoſe *e*). Les Efféniens penſaient que les ames des juſtes allaient dans les Iles fortunées, *f*) & celles des méchans dans une eſpèce de Tartare. Ils ne faiſaient point de ſacrifices; ils s'aſſemblaient entre eux dans une Synagogue par-

toujours convenu que Dieu gouvernait l'univers par des loix éternelles, univerſelles, immuables: cette vérité fut la ſource de toutes ces diſputes inintelligibles ſur la liberté, parce qu'on n'a défini jamais la liberté, juſqu'à-ce que le ſage *Loké* ſoit venu: il a prouvé que la liberté eſt le pouvoir d'agir. Dieu donne ce pouvoir, & l'homme agiſſant librement ſelon les ordres éternels de Dieu, eſt une des roues de la grande machine du monde. Toute l'antiquité diſputa ſur la liberté; mais perſonne ne perſécuta ſur ce ſujet, juſqu'à nos jours. Quelle horreur abſurde, d'avoir empriſonné, exilé pour cette diſpute, un *Pompone d'Andilly*, un *Arnaud*, un *Sacy*, un *Nicole*, & tant d'autres qui ont été la lumière de la France!

e) Le Roman Théologique de la Métempſicoſe vient de l'Inde, dont nous avons reçu beaucoup plus de fables qu'on ne croit communément. Ce dogme eſt expliqué dans l'admirable douziéme livre des métamorphoſes d'*Ovide*. Il a été reçu preſque dans toute la terre: il a été toujours combatu; mais nous ne voyons point qu'aucun prêtre de l'antiquité ait jamais fait donner une lettre de cachet à un diſciple de *Pytagore*.

ticuliére. En un mot, ſi l'on veut examiner de près le Judaïſme, on ſera étonné de trouver la plus grande tolérance, au milieu des horreurs les plus barbares. C'eſt une contradiction, il eſt vrai; preſque tous les peuples ſe ſont gouver-

f) Ni les anciens Juifs, ni les Egyptiens, ni les Grecs leurs contemporains, ne croyaient que l'ame de l'homme allat dans le ciel après ſa mort. Les Juifs penſaient que la Lune & le Soleil étaient à quelques lieues au-deſſus de nous dans le même cercle, & que le firmament était une voute épaiſſe & ſolide, qui ſoutenait le poids des eaux, leſquelles s'échápaient par quelques ouvertures. Le palais des Dieux, chez les anciens Grecs, était ſur le mont Olimpe. La demeure des héros après la mort, était, du tems d'*Homère*, dans une ile au-delà de l'Océan, & c'était l'opinion des Eſſéniens.

Depuis *Homère*, on aſſigna des planètes aux Dieux; mais il n'y avait pas plus de raiſon aux hommes de placer un Dieu dans la Lune, qu'aux habitans de la Lune de mettre un Dieu dans la planète de la terre. *Junon* & *Iris* n'eurent d'autre palais que les nuées; il n'y avait pas là où repoſer ſon pied. Chez les Sabéens, chaque Dieu eut ſon étoile; mais une étoile étant un Soleil, il n'y a pas moyen d'habiter là, à moins d'être de la nature du feu. C'eſt donc une queſtion fort inutile de demander ce que les anciens penſaient du ciel; la meilleure réponſe eſt qu'ils ne penſaient pas.

nés par des contradictions. Heureuse celle qui amène des mœurs douces, quand on a des loix de sang !

CHAPITRE XIV.

Si l'intolérance a été enseignée par JESUS-CHRIST?

VOyons maintenant si JESUS-CHRIST a établi des loix sanguinaires, s'il a ordonné l'intolérance, s'il fit bâtir les cachots de l'Inquisition, s'il institua les boureaux des *Auto-da-fé*.

Il n'y a, si je ne me trompe, que peu de passages dans les Evangiles, dont l'esprit persécuteur ait pû inférer que l'intolérance, la contrainte sont légitimes; l'un est la parabole dans laquelle le Royaume des Cieux est comparé à un Roi qui invite des convives aux noces de son fils: ce Monarque leur fait dire par ses serviteurs, *J'ai tué mes bœufs & mes volailles, tout est prêt, venez aux noces.* Les uns, sans se soucier de l'invitation, vont à leurs maisons de campagne, les autres à leur négoce, d'autres outragent les domestiques du Roi & les tuent. Le Roi fait marcher

St. Math. ch. 22.

cher ses armées contre ces meurtriers & détruit leur ville : il envoye sur les grands chemins convier au festin tous ceux qu'on trouve : un d'eux s'étant mis à table sans avoir mis la robe nuptiale, est chargé de fers & jetté dans les ténèbres extérieures.

Il est clair que cette allégorie ne regardant que le Royaume des Cieux, nul homme, assurément, ne doit en prendre le droit de garoter, ou de mettre au cachot son voisin qui serait venu souper chez lui sans avoir un habit de noces convenable; & je ne connais dans l'histoire aucun Prince qui ait fait pendre un courtisan pour un pareil sujet : il n'est pas non plus à craindre que quand l'Empereur enverra des pages à des Princes de l'Empire pour les prier à souper, ces Princes tuent ces pages. L'invitation au festin signifie la prédication du salut; le meurtre des envoyés du Prince figure la persécution contre ceux qui prêchent la sagesse & la vertu.

L'autre parabole est celle d'un particulier qui invite ses amis à un grand souper ; & lorsqu'il est prêt de se mettre à table, il envoye son domestique les avertir. L'un s'excuse sur ce qu'il a acheté une terre, & qu'il va la visiter ; cette

St. Luc ch. 14.

excuse ne parait pas valable, ce n'est pas pendant la nuit qu'on va voir sa terre. Un autre dit qu'il a acheté cinq paires de bœufs, & qu'il les doit éprouver; il a le même tort que l'autre; on n'essaye pas des bœufs à l'heure du souper. Un troisiéme répond qu'il vient de se marier, & assurément son excuse est très recevable. Le père de famille en colère fait venir à son festin les aveugles & les boiteux; & voyant qu'il reste encor des places vuides, il dit à son valet, *Allez dans les grands chemins, & le long des hayes, & contraignez les gens d'entrer.*

Il est vrai qu'il n'est pas dit expressément que cette parabole soit une figure du Royaume des Cieux. On n'a que trop abusé de ces paroles, *Contrains-les d'entrer*; mais il est visible qu'un seul valet ne peut contraindre par la force tous les gens qu'il rencontre, à venir souper chez son maître; & d'ailleurs, des convives ainsi forcés, ne rendraient pas le repas fort agréable. *Contrains-les d'entrer*, ne veut dire autre chose, selon les commentateurs les plus accrédités, sinon, Priez, conjurez, pressez, obtenez. Quel raport, je vous prie, de cette prière & de ce souper à la persécution?

Si on prend les choses à la lettre, faudra-t-il être aveugle, boiteux, & conduit par force, pour être dans le sein de l'Eglise? JESUS dit dans la même parabole, *Ne donnez à diner ni à vos amis, ni à vos parens riches*: en a-t-on jamais inféré, qu'on ne dût point en effet diner avec ses parens & ses amis, dès qu'ils ont un peu de fortune?

JESUS-CHRIST après la parabole du festin, dit, *Si quelqu'un vient à moi, & ne hait pas son père, sa mère, ses frères, ses sœurs, & même sa propre ame, il ne peut être mon disciple* &c. *Car qui est celui d'entre vous qui voulant bâtir une tour, ne suppute pas auparavant la dépense?* Y a-t-il quelqu'un dans le monde assez dénaturé, pour conclure qu'il faut haïr son père & sa mère? & ne comprend-on pas aisément que ces paroles signifient, Ne balancez pas entre moi & vos plus chères affections?

St. Luc ch. 14. v. 26. & suiv.

On cite le passage de *St. Mathieu*: *Qui n'écoute point l'Eglise, soit comme un Payen & comme un receveur de la douane.* Cela ne dit pas assurément qu'on doive persécuter les Payens, & les fermiers des droits du Roi; ils sont maudits, il est vrai, mais ils ne sont point livrés au bras

St. Math. chap. 8. v. 17.

ſéculier. Loin d'ôter à ces fermiers aucune prérogative de citoyen, on leur a donné les plus grands privilèges; c'eſt la ſeule profeſſion qui ſoit condamnée dans l'Ecriture, & c'eſt la plus favoriſée par les gouvernemens. Pourquoi donc n'aurions-nous pas pour nos frères errans autant d'indulgence que nous prodiguons de conſidération à nos frères les traitans?

Un autre paſſage dont on a fait un abus groſſier, eſt celui de *St. Mathieu* & de *St. Marc*, où il eſt dit que JESUS ayant faim le matin, aprocha d'un figuier où il ne trouva que des feuilles: car ce n'était pas le tems des figues: il maudit le figuier qui ſe ſécha auſſi-tôt.

On donne pluſieurs explications différentes de ce miracle: mais y en a-t-il une ſeule qui puiſſe autoriſer la perſécution? Un figuier n'a pu donner des figues vers le commencement de Mars, on l'a ſéché: eſt-ce une raiſon pour faire ſécher nos frères de douleur dans tous les tems de l'année? Reſpectons dans l'Ecriture tout ce qui peut faire naître des difficultés dans nos eſprits curieux & vains, mais n'en abuſons pas pour être durs & implacables.

L'eſprit perſécuteur qui abuſe de tout, cherche

encor sa justification dans l'expulsion des marchands chassés du temple, & dans la légion de Démons envoyée du corps d'un possédé dans le corps de deux mille animaux immondes. Mais qui ne voit que ces deux exemples ne sont autre chose qu'une justice que Dieu daigne faire lui-même d'une contravention à la loi? C'était manquer de respect à la maison du Seigneur, que de changer son parvis en une boutique de marchands. En vain le Sanhedrin & les prêtres permettaient ce négoce pour la commodité des sacrifices; le Dieu auquel on sacrifiait pouvait sans doute, quoique caché sous la figure humaine, détruire cette profanation: il pouvait de même punir ceux qui introduisaient dans le païs des troupeaux entiers, défendus par une loi dont il daignait lui-même être l'observateur. Ces exemples n'ont pas le moindre raport aux persécution-sur le dogme. Il faut que l'esprit d'intolérance soit apuié sur de bien mauvaises raisons, puisqu'il cherche partout les plus vains prétextes.

Presque tout le reste des paroles & des actions de JESUS-CHRIST prêche la douceur, la patience, l'indulgence. C'est le père de famille qui reçoit l'enfant prodigue; c'est l'ouvrier qui vient à la dernière heure, & qui eſt payé comme les autres; c'eſt le Samaritain charitable; lui-même juſtifie ſes diſciples de ne pas jeuner; il pardonne à la pécchereſſe; il ſe contente de recommander la fidélité à la femme adultère: il daigne même condeſcendre à l'innocente joye des convives de Canaa, qui étant déja échaufés de vin en demandent encore; il veut bien faire un miracle en leur faveur, il change pour eux l'eau en vin.

Il n'éclate pas même contre *Judas* qui doit le trahir; il ordonne à *Pierre* de ne ſe jamais ſervir de l'épée; il réprimande les enfans de *Zébedée*, qui à l'exemple d'*Elie* voulaient faire deſcendre le feu du ciel ſur une ville qui n'avait pas voulu le loger.

Enfin il meurt victime de l'envie. Si on oſe comparer le ſacré avec le profâne, & un Dieu avec un homme, ſa mort, humainement parlant, a beaucoup de raport à celle de *Socrate*. Le Philoſophe Grec périt par la haine des ſophiſtes, des prêtres, & des premiers du peuple: le Légiſlateur des Chrètiens ſuccomba ſous la haine des Scribes, des Phariſiens, & des prêtres. *Socrate* pouvait éviter la mort, & il ne le voulut pas: JESUS-CHRIST s'offrit volontairement. Le Philosophe Grec pardonna non-seulement à ses calomniateurs & à ses juges iniques, mais il les pria de traiter un jour ses enfans comme lui-même, s'ils étaient assez heureux pour mériter leur haine comme lui : le Législateur des Chrétiens, infiniment supérieur, pria son père de pardonner à ses ennemis.

Si JESUS-CHRIST sembla craindre la mort, si l'angoisse qu'il ressentit fut si extrême qu'il en eut une sueur mêlée de sang, ce qui est le symptome le plus violent & le plus rare, c'est qu'il daigna s'abaisser à toute la faiblesse du corps humain qu'il avait revêtu. Son corps tremblait, & son ame était inébranlable; il nous apprenait que la vraie force, la vraie grandeur consistent à suporter des maux sous lesquels nôtre nature succombe. Il y a un extrême courage à courir à la mort en la redoutant.

Socrate avait traité les Sophistes d'ignorans, & les avait convaincus de mauvaise foi : JESUS usant de ses droits divins, traita les Scribes & les Pharisiens d'hypocrites, d'insensés, d'aveugles, de méchans, de serpens, de race de vipère. St. Math. ch. 23.

Socrate ne fut point accusé de vouloir fonder une secte nouvelle: on n'accusa point JESUS,

CHRIST d'en avoir voulu introduire une. Il
St. Math. ch. 26. eſt dit que les princes des prêtres, & tout le Conſeil, cherchaient un faux témoignage contre JESUS pour le faire périr.

Or, s'ils cherchaient un faux témoignage, ils ne lui reprochaient donc pas d'avoir prêché publiquement contre la loi. Il fut en effet ſoumis à la loi de *Moïſe* depuis ſon enfance juſqu'à ſa mort : on le circoncit le huitiéme jour comme tous les autres enfans. S'il fut depuis batiſé dans le Jourdain, c'était une cérémonie conſacrée chez les Juifs, comme chez tous les peuples de l'Orient. Toutes les ſouillures légales ſe nétoyaient par le batême; c'eſt ainſi qu'on conſacrait les prêtres; on ſe plongeait dans l'eau à la fête de l'expiation ſolemnelle, on batiſait les proſélites.

JESUS obſerva tous les points de la loi; il fêta tous les jours de Sabath; il s'abſtint des

a) Il était, en effet, très difficile aux Juifs, pour ne pas dire impoſſible, de comprendre ſans une révélation particuliére ce myſtère ineffable de l'incarnation du fils de Dieu, Dieu lui-même. La Geneſe (ch. 6.) appelle *fils de Dieu* les fils des hommes puiſſans : de même les grands cèdres dans les Pſaumes ſont appellés les cèdres de Dieu. *Samuel* dit qu'une frayeur de Dieu tomba ſur le peuple, c'eſt-à-dire une grande frayeur;

viandes défendues; il célébra toutes les fêtes, & même avant sa mort il avait célébré la Pâque; on ne l'accusa ni d'aucune opinion nouvelle, ni d'avoir observé aucun rite étranger. Né Israélite, il vécut constamment en Israélite.

Deux témoins qui se présentèrent, l'accusérent d'avoir dit *qu'il pourrait détruire le temple, & le rebâtir en trois jours.* Un tel discours était incompréhensible pour les Juifs charnels, mais ce n'était pas une accusation de vouloir fonder une nouvelle secte. St. Math. ch. 26. v. 61.

Le grand prêtre l'interrogea, & lui dit, *Je vous commande par le* DIEU *vivant, de nous dire, si vous êtes le* CHRIST *fils de* DIEU. On ne nous apprend point ce que le grand prêtre entendait par *fils de* DIEU. On se servait quelquefois de cette expression pour signifier un juste, *a*) comme on employait les mots de *fils de Belial*, pour

un grand vent, un vent de Dieu; la maladie de *Saül*, mélancolie de Dieu. Cependant il parait que les Juifs entendirent à la lettre, que JESUS se dit fils de Dieu dans le sens propre; mais s'ils regardèrent ces mots comme un blasphême, c'est peut-être encor une preuve de l'ignorance où ils étaient du mystère de l'incarnation, & de Dieu, fils de Dieu, envoyé sur la terre pour le salut des hommes.

ſignifier un méchant. Les Juifs groſſiers n'avaient aucune idée du myſtère ſacré d'un fils de Dieu, Dieu lui-même, venant ſur la terre.

JESUS lui répondit; *Vous l'avez dit*; *mais je vous dis que vous verrez bientôt le fils de l'homme aſſis à la droite de la vertu de* DIEU, *venant ſur les nuées du Ciel.*

Cette réponſe fut regardée, par le Sanhedrin irrité, comme un blaſphême. Le Sanhedrin n'avait plus le droit du glaive; ils traduiſirent JESUS devant le Gouverneur Romain de la province, & l'accuſérent calomnieuſement d'être un perturbateur du repos public, qui diſait qu'il ne falait pas payer le tribut à *Céſar*, & qui de plus ſe diſait Roi des Juifs. Il eſt donc de la plus grande évidence qu'il fut accuſé d'un crime d'Etat.

Le Gouverneur *Pilate* ayant apris qu'il était Galiléen, le renvoya d'abord à *Hérode* Tétrarque de Galilée. *Hérode* crut qu'il était impoſſible que JESUS pût aſpirer à ſe faire chef de parti, & prétendre à la Royauté; il le traita avec mépris, & le renvoya à *Pilate*, qui eut l'indigne faibleſſe de le condamner, pour apaiſer le tumulte excité contre lui-même; d'autant plus qu'il avait essuié déja une révolte des Juifs, à ce que nous aprend *Joseph. Pilate* n'eut pas la même générosité qu'eut depuis le Gouverneur *Festus*.

Je demande à présent, si c'est la tolérance, ou l'intolérance qui est de droit divin? Si vous voulez ressembler à JESUS-CHRIST, soyez martirs, & non pas boureaux.

CHAPITRE XV.

Témoignages contre l'intolérance.

C'Est une impieté d'ôter, en matiére de Religion, la liberté aux hommes, d'empêcher qu'ils ne fassent choix d'une Divinité; aucun homme, aucun Dieu ne voudrait d'un service forcé. (*Apologétique ch.* 24.)

Si on usait de violence pour la défense de la foi, les Evèques s'y opposeraient. (*St. Hilaire liv. I*[er].)

La religion forcée n'est plus religion; il faut persuader & non contraindre. La religion ne se commande point. (*Lactance liv.* 3.

C'est une exécrable hérésie de vouloir tirer par la force, par les coups, par les emprisonnemens, ceux qu'on n'a pu convaincre par la raison. (*St. Athanase liv. Ier.*)

Rien n'est plus contraire à la Religion que la contrainte. (*St. Justin. Martyr liv. 5.*

Persécuterons-nous ceux que Dieu tolère? *dit St. Augustin, avant que sa querelle avec les Donatistes l'eût rendu trop sévère.*

Qu'on ne fasse aucune violence aux Juifs. (4me. *Concile de Tolède*, 56me. *canon.*)

Conseillez & ne forcez pas. (*Lettres de St. Bernard.*)

Nous ne prétendons point détruire les erreurs par la violence. (*Discours du Clergé de France à Louis XIII.*)

Nous avons toujours desaprouvé les voyes de rigueur. (*Assemblée du Clergé* 11me. *Aoust* 1560.)

Nous savons que la foi se persuade, & ne se commande point. (*Fléchier Evêque de Nimes lettre* 19.)

On ne doit pas même user de termes insultans. (*L'Evêque du Belley dans une instruction pastorale.*)

Souvenez vous que les maladies de l'ame ne se

guérissent point par contrainte & par violence. (*Le Cardinal le Camus, instruction pastorale de* 1688.)

Accordez à tous la tolérance civile. (*Fénelon Archevêque de Cambrai au Duc de Bourgogne.*)

L'exaction forcée d'une religion est une preuve évidente que l'esprit qui la conduit est un esprit ennemi de la vérité. (*Dirois docteur de Sorbonne liv. 6. chap. 4.*)

La violence peut faire des hypocrites ; on ne persuade point quand on fait retentir partout les menaces. (*Tillemont hist. Eccl. Tom. 6.*)

Il nous a paru conforme à l'équité & à la droite raison, de marcher sur les traces de l'ancienne Eglise, qui n'a point usé de violence pour établir & étendre la Religion. (*Remontr. du Parlement de Paris à Henri II.*)

L'expérience nous apprend que la violence est plus capable d'irriter que de guérir un mal qui a sa racine dans l'esprit &c. (*De Thou épitre dédicatoire à Henri IV.*

La foi ne s'inspire pas à coups d'épée. (*Cérisier sur les régnes de Henri IV. & de Louïs XIII.*)

C'eſt un zèle barbare que celui qui prétend planter la Religion dans les cœurs, comme ſi la perſuaſion pouvait être l'effet de la contrainte. (*Boulainvilliers état de la France.*)

Il en eſt de la Religion comme de l'amour, le commandement n'y peut rien, la contrainte encor moins ; rien de plus indépendant que d'aimer & de croire. (*Amelot de la Houſſaie ſur les lettres du Cardinal d'Oſſat.*)

Si le Ciel vous a aſſez aimé pour vous faire voir la vérité, il vous a fait une grande grace ; mais eſt-ce à ceux qui ont l'héritage de leur père, de haïr ceux qui ne l'ont pas? (*Eſprit des Loix liv.* 25.)

On pourait faire un livre énorme, tout compoſé de pareils paſſages. Nos hiſtoires, nos diſcours, nos ſermons, nos ouvrages de morale, nos catéchiſmes, reſpirent tous, enſeignent tous aujourd'hui ce devoir ſacré de l'indulgence. Par quelle fatalité, par quelle inconſéquence démentirions-nous dans la pratique une théorie que nous annonçons tous les jours ? Quand nos actions démentent nôtre morale, c'eſt que nous croyons qu'il y a quelque avantage pour nous à faire le contraire de ce que nous enſeignons; mais certainement il n'y a aucun avantage à perſécuter ceux qui ne ſont pas de nôtre avis, & à nous en faire haïr. Il y a donc, encor une fois, de l'abſurdité dans l'intolérance. Mais, dira-t-on, ceux qui ont intérêt à gêner les conſciences, ne ſont point abſurdes. C'eſt à eux que s'adreſſe le petit chapitre ſuivant.

CHAPITRE XVI.

Dialogue entre un mourant & un homme qui ſe porte bien.

UN citoyen était à l'agonie dans une ville de province; un homme en bonne ſanté vint inſulter à ſes derniers momens, & lui dit;

Miſérable! penſe comme moi tout-à-l'heure, ſigne cet écrit, confeſſe que cinq propoſitions ſont dans un livre que ni toi ni moi n'avons jamais lu; ſois tout-à-l'heure du ſentiment de *Lamfran* contre *Berenger*, de *St. Thomas* contre *St. Bonaventure*; embraſſe le ſecond Concile de Nicée contre le Concile de Francfort ; explique moi dans l'inſtant, comment ces paroles, *Mon père eſt plus grand que moi*, ſignifient expreſſément, *Je ſuis auſſi grand que lui.*

Dis moi comment le Père communique tout au Fils, excepté la paternité ; ou je vais faire jetter ton corps à la voirie ; tes enfans n'hériteront point, ta femme ſera privée de ſa dot, & ta famille mendiera du pain que mes pareils ne lui donneront pas.

Le Mourant.

J'entens à peine ce que vous me dites ; les menaces que vous me faites parviennent confuſément à mon oreille, elles troublent mon ame, elles rendent ma mort affreuſe. Au nom de Dieu, ayez pitié de moi !

Le Barbare.

De la pitié ! je n'en puis avoir ſi tu n'es pas de mon avis en tout.

Le Mourant.

Hélas ! vous ſentez qu'à ces derniers momens tous mes ſens ſont flétris, toutes les portes de mon entendement ſont fermées, mes idées s'enfuient

fuient, ma penſée s'éteint. Suis-je en état de diſputer ?

Le Barbare.

Eh bien, ſi tu ne peux pas croire ce que je veux, dis que tu le crois, & cela me ſuffit.

Le Mourant.

Comment puis-je me parjurer pour vous plaire ? Je vais paraître dans un moment devant le Dieu qui punit le parjure.

Le Barbare.

N'importe ; tu auras le plaiſir d'être enterré dans un cimetiére, & ta femme, tes enfans auront de quoi vivre. Meurs en hypocrite : l'hypocriſie eſt une bonne choſe ; c'eſt, comme on dit, un hommage que le vice rend à la vertu. Un peu d'hypocriſie, mon ami, qu'eſt-ce que cela coûte ?

Le Mourant.

Hélas ! vous mépriſez Dieu, ou vous ne le reconnaiſſez pas, puiſque vous me demandez un menſonge à l'article de la mort, vous qui devez bientôt recevoir votre jugement de lui, & qui répondrez de ce menſonge.

Le Barbare.

Comment, insolent! je ne reconnais point de Dieu?

Le Mourant.

Pardon, mon frère, je crains que vous n'en connaissiez pas. Celui que j'adore ranime en ce moment mes forces, pour vous dire d'une voix mourante, que si vous croyez en Dieu, vous devez user envers moi de charité. Il m'a donné ma femme & mes enfans, ne les faites pas périr de misére. Pour mon corps faites-en ce que vous voudrez, je vous l'abandonne; mais croyez en Dieu, je vous en conjure!

Le Barbare.

Fais, sans raisonner, ce que je t'ai dit; je le veux, je l'ordonne.

Le Mourant.

Et quel intérêt avez-vous à me tant tourmenter?

Le Barbare.

Comment! quel intérêt? si j'ai ta signature, elle me vaudra un bon Canonicat.

Le Mourant.

Ah! mon frère! voici mon dernier moment; je meurs; je vais prier Dieu qu'il vous touche & qu'il vous convertisse.

Le Barbare.

Au Diable soit l'impertinent qui n'a point signé! Je vais signer pour lui, & contrefaire son écriture.

La lettre suivante est une confirmation de la même morale.

CHAPITRE XVII.

Lettre écrite au Jésuite Le Tellier, *par un Bénéficier, le 6. May 1714.*

MON REVEREND PÈRE,

J'Obéis aux ordres que vôtre révérence m'a donnés de lui présenter les moyens les plus propres de délivrer JESUS & sa Compagnie de leurs ennemis. Je crois qu'il ne reste plus que cinq cent mille huguenots dans le Royaume,

quelques-uns disent un million, d'autres quinze cent mille; mais en quelque nombre qu'ils soient, voici mon avis, que je soumets très humblement au vôtre, comme je le dois.

1°. Il est aisé d'attraper en un jour tous les prédicans, & de les pendre tous à la fois dans une même place, non-seulement pour l'édification publique, mais pour la beauté du spectacle.

2°. Je ferais assassiner dans leurs lits, tous les pères & mères, parce que si on les tuait dans les rues, cela pourait causer quelque tumulte; plusieurs même pouraient se sauver, ce qu'il faut éviter, sur toute chose. Cette exécution est un corollaire nécessaire de nos principes; car s'il faut tuer un hérétique, comme tant de grands Théologiens le prouvent, il est évident qu'il faut les tuer tous.

3°. Je marierais le lendemain toutes les filles à de bons Catholiques, attendu qu'il ne faut pas dépeupler trop l'Etat après la derniére guerre; mais à l'égard des garçons de quatorze & quinze ans, déja imbus de mauvais principes, qu'on ne peut se flatter de détruire, mon opinion est qu'il faut les châtrer tous, afin que cette engeance ne soit

jamais reproduite. Pour les autres petits garçons, ils seront élevés dans vos collèges, & on les fouettera jusqu'à-ce qu'ils sachent par cœur les ouvrages de *Sanchez* & de *Molina*.

4°. Je pense, sauf correction, qu'il en faut faire autant à tous les Luthériens d'Alzace, attendu que dans l'année 1704. j'aperçus deux vieilles de ce pays-là qui riaient le jour de la bataille d'Hochstedt.

5°. L'article des Jansénistes paraîtra peut-être un peu plus embarrassant : je les crois au nombre de six millions, au moins ; mais un esprit tel que le vôtre ne doit pas s'en effrayer. Je comprens parmi les Jansénistes tous les Parlemens, qui soutiennent si indignement les libertés de l'Eglise Gallicane. C'est à vôtre revérence de peser avec sa prudence ordinaire les moyens de vous soumettre tous ces esprits revêches. La conspiration des poudres n'eut pas le succès désiré, parce qu'un des conjurés eut l'indiscrétion de vouloir sauver la vie à son ami : mais comme vous n'avez point d'ami, le même inconvénient n'est point à craindre ; il vous sera fort aisé de faire sauter tous les Parlemens du

Royaume avec cette invention du moine *Shwarts* qu'on appelle *pulvis pyrius*. Je calcule qu'il faut, l'un portant l'autre, trente-six tonneaux de poudre pour chaque Parlement ; & ainsi en multipliant douze Parlemens par trente-six tonneaux, cela ne compose que quatre cent trente-deux tonneaux, qui à cent écus piéce font la somme de cent-vingt-neuf mille six cent livres ; c'est une bagatelle pour le revérend Pére Général.

Les Parlemens une fois sautés, vous donnerez leurs charges à vos congréganistes, qui sont parfaitement instruits des loix du Royaume.

6o. Il sera aisé d'empoisonner Mr. le Cardinal de *Noailles*, qui est un homme simple, & qui ne se défie de rien.

Vôtre revérence employera les mêmes moyens de conversion auprès de quelques Evêques rénitens : leurs Evêchés seront mis entre les mains des Jésuites, moyennant un bref du Pape ; alors tous les Evêques étant du parti de la bonne cause, & tous les Curés étant habilement choisis par les Evêques, voici ce que je conseille, sous le bon plaisir de vôtre revérence.

7o. Comme on dit que les Jansénistes communient au moins à Pâques, il ne ferait pas mal de saupoudrer les hosties, de la drogue dont on se servit pour faire justice de l'Empereur *Henri VII.* Quelque critique me dira peut-être, qu'on risquerait dans cette opération, de donner aussi de la mort aux rats aux Molinistes ; cette objection est forte ; mais il n'y a point de projet qui n'ait des inconvéniens, point de système qui ne menace ruine par quelque endroit. Si on était arrêté par ces petites difficultés, on ne viendrait jamais à bout de rien : & d'ailleurs, comme il s'agit de procurer le plus grand bien qu'il soit possible, il ne faut pas se scandaliser si ce grand bien entraîne après lui quelques mauvaises suites, qui ne sont de nulle considération.

Nous n'avons rien à nous reprocher : il est démontré que tous les prétendus réformés, tous les Jansénistes sont dévolus à l'Enfer ; ainsi nous ne faisons que hâter le moment où ils doivent entrer en possession.

Il n'est pas moins clair que le Paradis appartient de droit aux Molinistes ; donc en les faisant périr par mégarde, & sans aucune mauvaise intention, nous accélerons leur joie : nous sommes dans l'un & l'autre cas les Ministres de la Providence.

Quant à ceux qui pourraient être un peu effarouchés du nombre, vôtre paternité pourra leur faire remarquer, que depuis les jours florissans de l'Eglise jusqu'à 1707. c'est-à-dire, depuis environ quatorze cent ans, la Théologie a procuré le massacre de plus de cinquante millions d'hommes ; & que je ne propose d'en étrangler, ou égorger, ou empoisonner, qu'environ six millions cinq cent mille.

On nous objectera peut-être encore que mon compte n'est pas juste, & que je viole la règle de trois ; car, dira-t-on, si en quatorze cent ans il n'a péri que cinquante millions d'hommes pour des distinctions, des dilèmes, & des antimêmes théologiques, cela ne fait par année que trente-cinq mille sept cent quatorze personnes, avec fraction, & qu'ainsi, je tue six millions soixante-quatre mille deux cent quatre-vingt-cinq personnes de trop, avec fraction, pour la présente année. Mais, en vérité, cette chicane est bien puérile ; on peut même dire qu'elle est impie : car ne voit-on pas par mon procédé que je sauve la vie à tous les Catholiques jusqu'à la fin du monde? On n'aurait jamais fait si on voulait répondre à toutes les critiques.

Je suis avec un profond respect,

de vôtre paternité,

Le très humble, très dévot & très doux R.... natif d'Angoulême, Préfet de la Congrégation.

Ce projet ne put être exécuté, parce que le Père *Le Tellier* y trouva quelques difficultés, & que sa paternité fut exilée l'année suivante. Mais comme il faut examiner le pour & le contre, il est bon de rechercher dans quels cas on pourait légitimement suivre en partie les vues du correspondant du Père *Le Tellier*. Il parait qu'il serait dur d'exécuter ce projet dans tous ses points; mais il faut voir dans quelles occasions on doit rouer, ou pendre, ou mettre aux galères les gens qui ne sont pas de nôtre avis; c'est l'objet du chapitre suivant.

CHAPITRE XVIII.

Seuls cas où l'intolérance est de droit humain.

POur qu'un Gouvernement ne soit pas en droit de punir les erreurs des hommes, il est nécessaire que ces erreurs ne soient pas des crimes; elles ne sont des crimes que quand elles troublent la societé; elles troublent cette societé, dès qu'elles inspirent le fanatisme; il faut donc que les hommes commencent par n'être pas fanatiques pour mériter la tolérance.

Si quelques jeunes Jésuites, sachant que l'Eglise a les réprouvés en horreur, que les Jansénistes sont condamnés par une bulle, qu'ainsi les Jansénistes sont réprouvés, s'en vont bruler une maison des Pères de l'Oratoire, parce que *Quesnel* l'Oratorien était Janséniste; il est clair qu'on sera bien obligé de punir ces Jésuites.

De même s'ils ont débité des maximes coupables, si leur institut est contraire aux loix du Royaume, on ne peut s'empêcher de dissoudre leur Compagnie, & d'abolir les Jéſuites pour en faire des citoyens : ce qui au fonds eſt un mal imaginaire, & un bien réel pour eux; car où eſt le mal de porter un habit court au lieu d'une ſoutane, & d'être libre au lieu d'être eſclave? On réforme à la paix des régimens entiers, qui ne ſe plaignent pas : pourquoi les Jéſuites pouſſent-ils de ſi hauts cris, quand on les réforme pour avoir la paix?

Que les Cordeliers tranſportés d'un ſaint zèle pour la Vierge *Marie* aillent démolir l'égliſe des Jacobins, qui penſent que *Marie* eſt née dans le péché originel; on ſera obligé alors de traiter les Cordeliers à peu près comme les Jéſuites.

On en dira autant des Luthériens & des Calviniſtes; ils auront beau dire, Nous ſuivons les mouvemens de nôtre conſcience, il vaut mieux obéir à Dieu qu'aux hommes, nous ſommes le vrai troupeau, nous devons exterminer les loups. Il eſt évident qu'alors ils ſont loups eux-mêmes.

Un des plus étonnans exemples de fanatiſme, a été une petite ſecte en Dannemark, dont le principe était le meilleur du monde. Ces gens là voulaient procurer le ſalut éternel à leurs frères;

mais les conséquences de ce principe étaient singulières. Ils savaient que tous les petits enfans qui meurent sans bâtême sont damnés, & que ceux qui ont le bonheur de mourir immédiatement après avoir reçu le batême, jouïssent de la gloire éternelle : ils allaient égorgeant les garçons & les filles nouvellement batisés, qu'ils pouvaient rencontrer ; c'était sans doute leur faire le plus grand bien qu'on pût leur procurer : on les préservait à la fois du péché, des misères de cette vie, & de l'Enfer; on les envoyait infailliblement au Ciel. Mais ces gens charitables ne considéraient pas qu'il n'est pas permis de faire un petit mal pour un grand bien ; qu'ils n'avaient aucun droit sur la vie de ces petits enfans; que la plupart des pères & mères sont assez charnels pour aimer mieux avoir auprès d'eux leurs fils & leurs filles, que de les voir égorger pour aller en Paradis ; & qu'en un mot, le Magistrat doit punir l'homicide, quoiqu'il soit fait à bonne intention.

Les Juifs sembleraient avoir plus de droit que personne, de nous voler & de nous tuer. Car bien qu'il y ait cent exemples de tolérance dans ancien Testament, cependant il y a aussi quelques exemples & quelques loix de rigueur. Dieu leur a ordonné quelquefois de tuer les idolâtres, & de ne réserver que les filles nubiles : ils nous regardent comme idolâtres ; & quoique nous les tolérions aujourd'hui, ils pouraient bien, s'ils étaient les maîtres, ne laisser au monde que nos filles.

Ils seraient surtout dans l'obligation indispensable d'assassiner tous les Turcs ; cela va sans difficulté ; car les Turcs possèdent le pays des Hétéens, des Jébuséens, des Amorrhéens, Jersénéens, Hevéens, Aracéens, Cinéens, Hamatéens, Samaréens ; tous ces peuples furent dévoués à l'anathême ; leur pays qui était de plus de vingt-cinq lieues de long, fut donné aux Juifs par plusieurs pactes consécutifs ; ils doivent rentrer dans leur bien ; les Mahométans en sont les usurpateurs depuis plus de mille ans.

Si les Juifs raisonnaient ainsi aujourd'hui, il est clair qu'il n'y aurait d'autre réponse à leur faire que de les empâler.

Ce sont à peu près les seuls cas où l'intolérance paraît raisonnable.

CHAPITRE XIX.

Rélation d'une diſpute de controverſe à la Chine.

DAns les premiéres années du règne du grand Empereur *Kam-hi*, un Mandarin de la ville de Kanton entendit de ſa maiſon un grand bruit qu'on faiſait dans la maiſon voiſine ; il s'informa ſi l'on ne tuait perſonne ; on lui dit que c'était l'aumonier de la Compagnie Danoiſe, un chapelain de Batavia, & un Jéſuite qui diſputaient ; il les fit venir, leur fit ſervir du thé & des confitures, & leur demanda pourquoi ils ſe querellaient ?

Le Jéſuite lui répondit qu'il était bien douloureux pour lui, qui avait toujours raiſon, d'avoir à faire à des gens qui avaient toujours tort ; que d'abord il avait argumenté avec la plus grande retenue, mais qu'enfin la patience lui avait échapé.

Le Mandarin leur fit ſentir, avec toute la diſcrétion poſſible, combien la politeſſe eſt néceſſaire dans la dispute, leur dit qu'on ne se fâchait jamais à la Chine, & leur demanda de quoi il s'agissait ?

Le Jésuite lui répondit, Monseigneur, je vous en fais juge; ces deux Messieurs refusent de se soumettre aux décisions du Concile de Trente.

Cela m'étonne, dit le Mandarin. Puis se tournant vers les deux réfractaires, Il me parait, leur dit-il, Messieurs, que vous devriez respecter les avis d'une grande assemblée; je ne sais pas ce que c'est que le Concile de Trente; mais plusieurs personnes sont toujours plus instruites qu'une seule. Nul ne doit croire qu'il en sait plus que les autres, & que la raison n'habite que dans sa tête; c'est ainsi que l'enseigne nôtre grand *Confucius*; & si vous m'en croyez, vous ferez très-bien de vous en raporter au Concile de Trente.

Le Danois prit alors la parole, & dit: Monseigneur parle avec la plus grande sagesse; nous respectons les grandes assemblées comme nous le devons; aussi sommes-nous entiérement de l'avis de plusieurs assemblées qui se sont tenues avant celle de Trente.

Oh! si cela est ainsi, dit le Mandarin, je vous

demande pardon, vous pouriez bien avoir raiſon. Ça, vous êtes donc du même avis, ce Hollandais & vous, contre ce pauvre Jéſuite ?

Point du tout, dit le Hollandais, cet homme-ci a des opinions preſque auſſi extravagantes que celles de ce Jéſuite, qui fait ici le doucereux avec vous ; il n'y a pas moyen d'y tenir.

Je ne vous conçois pas, dit le Mandarin ; n'êtes-vous pas tous trois Chrétiens ? ne venez-vous pas tous trois enſeigner le Chriſtianiſme dans nôtre Empire ? & ne devez-vous pas par conſéquent avoir les mêmes dogmes ?

Vous voyez, Monſeigneur ! dit le Jéſuite : ces deux gens-ci ſont ennemis mortels, & diſputent tous deux contre moi ; il eſt donc évident qu'ils ont tous les deux tort, & que la raiſon n'eſt que de mon côté. Cela n'eſt pas ſi évident, dit le Mandarin, il ſe pourait faire à toute force que vous euſſiez tort tous trois ; je ſerais curieux de vous entendre l'un après l'autre.

Le Jéſuite fit alors un aſſez long diſcours, pendant lequel le Danois & le Hollandais levaient les épaules ; le Mandarin n'y comprit rien. Le Danois parla à ſon tour ; ſes deux adverſaires le regardérent en pitié, & le Mandarin n'y comprit

comprit pas davantage. Le Hollandais eut le même ſort. Enfin, ils parlèrent tous trois enſemble, ils ſe dirent de groſſes injures. L'honnête Mandarin eut bien de la peine à mettre le hola, & leur dit, Si vous voulez qu'on tolère ici vôtre doctrine, commencez par n'être ni intolérans, ni intolérables.

Au ſortir de l'audiance, le Jéſuite rencontra un Miſſionaire Jacobin; il lui apprit qu'il avait gagné ſa cauſe, l'aſſurant que la vérité triomphait toujours. Le Jacobin lui dit: Si j'avais été là, vous ne l'auriez pas gagnée; je vous aurais convaincu de menſonge & d'idolatrie. La querelle s'échauffa; le Jacobin & le Jéſuite ſe prirent aux cheveux. Le Mandarin informé du ſcandale les envoya tous deux en priſon. Un ſous-Mandarin dit au Juge, Combien de tems vôtre Excellence veut-elle qu'ils ſoient aux arrêts? Juſqu'à-ce qu'ils ſoient d'accord, dit le Juge. Ah! dit le ſous-Mandarin, ils ſeront donc en priſon toute leur vie. Eh-bien, dit le Juge, juſqu'à-ce qu'ils ſe pardonnent. Ils ne ſe pardonneront jamais, dit l'autre, je les connais. Eh bien donc, dit le Mandarin, juſqu'à-ce qu'ils faſſent ſemblant de ſe pardonner.

CHAPITRE XX.

S'il est utile d'entretenir le peuple dans la superstition ?

TElle est la faiblesse du genre-humain, & telle sa perversité, qu'il vaut mieux sans doute pour lui d'être subjugué par toutes les superstitions possibles, pourvu qu'elles ne soient point meurtriéres, que de vivre sans religion. L'homme a toujours eu besoin d'un frein ; & quoiqu'il fût ridicule de sacrifier aux Faunes, aux Silvains, aux Naïades, il était bien plus raisonnable & plus utile d'adorer ces images fantastiques de la Divinité, que de se livrer à l'athéisme. Un athée qui serait raisonneur, violent & puissant, serait un fléau aussi funeste qu'un superstitieux sanguinaire.

Quand les hommes n'ont pas de notions saines de la Divinité, les idées fausses y suppléent, comme dans les tems malheureux on trafique avec de la mauvaise monnoye, quand on n'en a pas de bonne. Le Payen craignait de commettre un crime de peur d'être puni par les faux dieux. Le Malabare craint d'être puni par sa Pagode. Partout où il y a une societé établie, une religion est nécessaire; les loix veillent sur les crimes commis, & la religion sur les crimes secrets.

Mais lorsqu'une fois les hommes sont parvenus à embrasser une religion pure & sainte, la superstition devient, non-seulement inutile, mais très dangereuse. On ne doit pas chercher à nourrir de gland ceux que Dieu daigne nourrir de pain.

La superstition est à la religion ce que l'Astrologie est à l'Astronomie, la fille très folle d'une mère très sage. Ces deux filles ont longtems subjugué toute la terre.

Lorsque dans nos siécles de barbarie il y avait à peine deux Seigneurs féodaux qui eussent chez eux un nouveau Testament, il pouvait être pardonnable de présenter des fables au vulgaire, c'est-à-dire à ces Seigneurs féodaux, à leurs femmes imbéciles, & aux brutes leurs vassaux : on leur faisait croire que *St. Christophe* avait porté l'enfant JESUS du bord d'une rivière à l'autre; on les repaissait d'histoires de sorciers & de possedés : ils imaginaient aisément que *St. Genou* guérissait de la goute, & que *Ste. Claire* guérissait les yeux malades. Les enfans croyaient au loup-garou, & les pères au cordon de *St. François*. Le nombre des reliques était innombrable.

La rouille de tant de superstitions a subsisté encor quelque tems chez les peuples, lors même qu'enfin la religion fut épurée. On sait que quand Mr. *de Noailles*, Evêque de Chalons, fit enlever & jetter au feu la prétendue relique du saint nombril de JESUS-CHRIST, toute la ville de Chalons lui fit un procès; mais il eut autant de courage que de pieté, & il parvint bientôt à faire croire aux Champenois, qu'on pouvait adorer JESUS-CHRIST en esprit & en vérité, sans avoir son nombril dans une église.

Ceux qu'on appellait Jansénistes, ne contribuèrent pas peu à déraciner insensiblement dans l'esprit de la nation, la plupart des fausses idées qui déshonoraient la religion Chrétienne. On cessa de croire qu'il suffisait de réciter l'oraison des trente jours à la Vierge *Marie*, pour obtenir tout ce qu'on voulait, & pour pécher impunément.

Enfin, la bourgeoisie a commencé à soupçon-

ne soit un corollaire évident de ce petit axiome: *Deux & deux font quatre.* Il n'en est pas tout-à-fait de même dans le mélange de la Métaphysique & de la Théologie.

Lorsque l'Evêque *Alexandre*, & le prêtre *Arios* ou *Arius*, commencèrent à disputer sur la manière dont le *Logos* était une émanation du Père, l'Empereur *Constantin* leur écrivit d'abord ces paroles raportées par *Eusèbe*, & par *Socrate*; *Vous êtes de grands fous de disputer sur des choses que vous ne pouvez entendre.*

Si les deux partis avaient été assez sages pour convenir que l'Empereur avait raison, le monde Chrétien n'aurait pas été ensanglanté pendant trois cent années.

Qu'y a-t-il en effet de plus fou & de plus horrible que de dire aux hommes, „ Mes amis, „ ce n'est pas assez d'être des sujets fidéles, des „ enfans soumis, des pères tendres, des voisins „ équitables, de pratiquer toutes les vertus, de „ cultiver l'amitié, de fuir l'ingratitude, d'ado- „ rer JESUS-CHRIST en paix; il faut encor „ que vous sachiez comment on est engendré „ de toute éternité, sans être fait de toute „ éternité; & si vous ne savez pas distinguer

„ l'*Omousion* dans l'hypostase, nous vous dé„ nonçons que vous serez brulés à jamais; & en „ attendant, nous allons commencer par vous „ égorger?

Si on avait présenté une telle décision à un *Archimède*, à un *Possidonius*, à un *Varron*, à un *Caton*, à un *Cicéron*, qu'auraient-ils répondu?

Constantin ne persévera point dans la résolution d'imposer silence aux deux partis; il pouvait faire venir les Chefs de l'ergotisme dans son palais; il pouvait leur demander par quelle autorité ils troublaient le monde: „ Avez-vous „ les titres de la famille divine? Que vous im„ porte que le *Logos* soit fait ou engendré, pour„ vu qu'on lui soit fidéle, pourvu qu'on prê„ che une bonne morale, & qu'on la pratique „ si on peut? J'ai commis bien des fautes dans „ ma vie, & vous aussi: vous ètes ambitieux, „ & moi aussi: l'Empire m'a coûté des fourbe„ ries & des cruautés; j'ai assassiné presque tous „ mes proches, je m'en repens; je veux ex„ pier mes crimes en rendant l'Empire Romain „ tranquille; ne m'empêchez pas de faire le seul „ bien qui puisse faire oublier mes anciennes „ barbaries; aidez moi à finir mes jours en paix.

Peut-être n'aurait-il rien gagné ſur les diſputeurs, peut-être fut-il flatté de préſider à un Concile, en long habit rouge, la tête chargée de pierreries.

Voilà pourtant ce qui ouvrit la porte à tous ces fléaux qui vinrent de l'Aſie inonder l'Occident. Il ſortit de chaque verſet conteſté une Furie armée d'un ſophiſme & d'un poignard, qui rendit tous les hommes inſenſés & cruels. Les Huns, les Hérules, les Goths & les Vandales qui ſurvinrent, firent infiniment moins de mal; & le plus grand qu'ils firent, fut de ſe prêter enfin eux-mêmes à ces diſputes fatales.

CHAPITRE XXII.

De la tolérance univerſelle.

IL ne faut pas un grand art, une éloquence bien recherchée, pour prouver que des Chrétiens doivent ſe tolérer les uns les autres. Je vais plus loin; je vous dis, qu'il faut regarder tous les hommes comme nos frères. Quoi! mon frère le Turc? mon frère le Chinois? le Juif? le Siamois? Oui, ſans doute; ne ſommes-nous pas tous enfans du même père, & créatures du même Dieu?

Mais ces peuples nous mépriſent; mais ils nous traitent d'idolâtres! Eh bien! je leur dirai qu'ils ont grand tort. Il me ſemble que je pourais étonner au moins l'orgueilleuſe opiniâtreté d'un Iman, ou d'un Talapoin, ſi je leur parlais à peu près ainſi.

Ce petit globe, qui n'eſt qu'un point, roule dans l'eſpace, ainſi que tant d'autres globes; nous ſommes perdus dans cette immenſité. L'homme haut d'environ cinq pieds, eſt aſſurément peu de choſe dans la création. Un de ces êtres imperceptibles dit à quelques-uns de ses voisins, dans l'Arabie, ou dans la Cafrerie; „ Ecoutez „ moi, car le Dieu de tous ces mondes m'a éclai- „ ré; il y a neuf cent millions de petites fourmis „ comme nous sur la terre, mais il n'y a que ma „ fourmillère qui soit chère à Dieu, toutes les „ autres lui sont en horreur de toute éternité; „ elle sera seule heureuse, & toutes les autres „ seront éternellement infortunées.

Ils m'arrêteraient alors, & me demanderaient, quel est le fou qui a dit cette sotise? Je serais obligé de leur répondre, C'est vous-mêmes. Je tâcherais ensuite de les adoucir, mais cela serait bien difficile.

Je parlerai maintenant aux Chrétiens, & j'oserais dire, par exemple, à un Dominicain Inquisiteur pour la foi, „ Mon frère, vous savez „ que chaque province d'Italie a son jargon, & „ qu'on ne parle point à Venise & à Bergame „ comme à Florence. L'Académie de *la Crusca* „ a fixé la langue; son Dictionnaire est une ré- „ gle dont on ne doit pas s'écarter, & la Gram- „ maire de *Buon Matei* est un guide infaillible „ qu'il faut suivre: mais, croyez vous que le „ Consul de l'Académie, & en son absence *Buon*

„ *Matei*, auraient pû en conſcience faire couper „ la langue à tous les Vénitiens & à tous les „ Bergamaſques qui auraient perſiſté dans leur „ patois ?

L'Inquiſiteur me répond ; „ Il y a bien de la „ différence ; il s'agit ici du ſalut de vôtre ame ; „ c'eſt pour vôtre bien que le directoire de l'In- „ quiſition ordonne qu'on vous ſaiſiſſe ſur la „ dépoſition d'une ſeule perſonne, fût-elle in- „ fame & repriſe de Juſtice ; que vous n'ayez „ point d'avocat pour vous défendre, que le nom „ de vôtre accuſateur ne vous ſoit pas ſeulement „ connu ; que l'Inquiſiteur vous promette grace, „ & enſuite vous condamne ; qu'il vous applique „ à cinq tortures différentes, & qu'enſuite vous „ ſoyez ou fouetté, ou mis aux galères, ou brulé „ en cérémonie ; * le Père *Ivonet*, le Docteur „ *Chucalon*, *Zanchinus*, *Campegius*, *Royas*, *Feli-* „ *nus*, *Gomarus*, *Diabarus*, *Gemelinus*, y ſont „ formels, & cette pieuſe pratique ne peut ſouf- „ frir de contradiction.

Je prendrais la liberté de lui répondre, „ Mon „ frère, peut-être avez-vous raiſon ; je ſuis con-

* *Voyez* l'excellent livre, intitulé, *le Manuel de l'Inquiſition.*

„ vaincu du bien que vous voulez me faire, mais
„ ne pourais-je pas être ſauvé ſans tout cela?

Il eſt vrai que ces horreurs abſurdes ne ſouillent pas tous les jours la face de la terre; mais elles ont été fréquentes, & on en composerait aiſément un volume beaucoup plus gros que les Evangiles qui les réprouvent. Non-ſeulement il eſt bien cruel de perſécuter dans cette courte vie, ceux qui ne penſent pas comme nous; mais je ne ſais s'il n'eſt pas bien hardi de prononcer leur damnation éternelle. Il me ſemble qu'il n'apartient guère à des atomes d'un moment tels que nous ſommes, de prévenir ainſi les arrêts du Créateur. Je ſuis bien loin de combatre cette ſentence, *hors de l'Egliſe point de ſalut:* je la reſpecte, ainſi que tout ce qu'elle enſeigne; mais en vérité, connaiſſons-nous toutes les voyes de Dieu, & toute l'étendue de ſes miſéricordes? n'eſt-il pas permis d'eſpérer en lui autant que de le craindre? N'eſt-ce pas aſſez d'être fidèles à l'Egliſe? faudra-t-il que châque particulier uſurpe les droits de la Divinité, & décide avant elle du ſort éternel de tous les hommes?

Quand nous portons le deuil d'un Roi de Suède, ou de Dannemarc, ou d'Angleterre, ou de

Prusse, disons-nous que nous portons le deuil d'un réprouvé qui brule éternellement en Enfer? Il y a dans l'Europe quarante millions d'habitans qui ne sont pas de l'Eglise de Rome: dirons-nous à chacun d'eux „ Monsieur, attendu „ que vous êtes infailliblement damné, je ne „ veux ni manger, ni contracter, ni converser „ avec vous?

Quel est l'Ambassadeur de France, qui étant présenté à l'audiance du Grand Seigneur, se dira dans le fond de son cœur, Sa Hautesse sera infailliblement brulée pendant toute l'éternité, parce qu'elle s'est soumise à la circoncision? S'il croyait réellement que le Grand Seigneur est l'ennemi mortel de Dieu, & l'objet de sa vengeance, pourrait-il lui parler? devrait-il être envoyé vers lui? Avec quel homme pourait-on commercer? quel devoir de la vie civile pourrait-on jamais remplir, si en effet on était convaincu de cette idée que l'on converse avec des réprouvés?

O sectateurs d'un Dieu clément! si vous aviez un cœur cruel, si en adorant celui dont toute la loi consistait en ces paroles, *Aimez Dieu & vôtre prochain*, vous aviez surchargé cette loi pure & sainte, de sophismes & de disputes incompréhensibles;

henſibles ; ſi vous aviez allumé la diſcorde, tantôt pour un mot nouveau, tantôt pour une ſeule lettre de l'alphabet ; ſi vous aviez attaché des peines éternelles à l'omiſſion de quelques paroles, de quelques cérémonies que d'autres peuples ne pouvaient connaître ; je vous dirais en répandant des larmes ſur le genre humain : „ Tranſportez vous avec moi au jour où tous „ les hommes ſeront jugés, & où Dieu rendra „ à chacun ſelon ſes œuvres.

„ Je vois tous les morts des ſiécles paſſés & „ du nôtre comparaître en ſa préſence. Etes-vous „ bien ſûrs que nôtre Créateur & nôtre père „ dira au ſage & vertueux *Confucius*, au Lé- „ giſlateur *Solon*, à *Pithagore*, à *Zaleucus*, à „ *Socrate*, à *Platon*, aux divins *Antonins*, au „ bon *Trajan*, à *Titus* les délices du genre hu- „ main, à *Epictète*, à tant d'autres hommes, „ les modèles des hommes ; Allez, monſtres ! „ allez ſubir des châtimens infinis en intenſité „ & en durée ; que vôtre ſupplice ſoit éternel „ comme moi. Et vous, mes bien-aimés, *Jean* „ *Chatel*, *Ravaillac*, *Damiens*, *Cartouche*, *&c.* „ qui êtes morts avec les formules preſcrites,

„ partagez à jamais à ma droite mon Empire & „ ma félicité ?

Vous reculez d'horreur à ces paroles ; & après qu'elles me sont échapées, je n'ai plus rien à vous dire.

CHAPITRE XXIII.

Prière à Dieu.

CE n'est donc plus aux hommes que je m'adresse, c'est à toi, Dieu de tous les êtres, de tous les mondes & de tous les tems, s'il est permis à de faibles créatures perdues dans l'immensité, & imperceptibles au reste de l'univers, d'oser te demander quelque chose, à toi qui as tout donné, à toi dont les decrets sont immuables comme éternels. Daigne regarder en pitié les erreurs attachées à nôtre nature ! que ces erreurs ne fassent point nos calamités ! Tu ne nous as point donné un cœur pour nous haïr, & des mains pour nous égorger ; fais que nous nous aidions mutuellement à supporter le fardeau d'une vie pénible & passagère ! que les petites différences entre les vêtemens qui couvrent nos débiles corps, entre tous nos langages insuffisans, entre tous nos usages ridicules, entre toutes nos loix imparfaites, entre toutes nos opinions insensées, entre toutes nos conditions si disproportionnées à nos yeux, & si égales devant toi; que toutes ces petites nuances qui distinguent les atomes appellés hommes, ne soient pas des signaux de haine & de persécution! que ceux qui allument des cierges en plein midi pour te célébrer, supportent ceux qui se contentent de la lumière de ton soleil! que ceux qui couvrent leur robe d'une toile blanche pour dire qu'il faut t'aimer, ne détestent pas ceux qui disent la même chose sous un manteau de laine noire! qu'il soit égal de t'adorer dans un jargon formé d'une ancienne langue, ou dans un jargon plus nouveau! que ceux dont l'habit est teint en rouge ou en violet, qui dominent sur une petite parcelle d'un petit tas de la boue de ce monde, & qui possédent quelques fragmens arrondis d'un certain métal, jouissent sans orgueil de ce qu'ils appellent grandeur & richesse, & que les autres les voyent sans envie; car tu sais qu'il n'y a dans ces vanités ni de quoi envier, ni de quoi s'enorgueillir.

Puissent tous les hommes se souvenir qu'ils sont frères ! qu'ils ayent en horreur la tyrannie exercée sur les ames, comme ils ont en exécration le brigandage, qui ravit par la force le fruit du travail & de l'industrie paisible ! Si les fléaux de la guerre sont inévitables, ne nous haïssons pas, ne nous déchirons pas les uns les autres dans le sein de la paix, & employons l'instant de nôtre existence à bénir également en mille langages divers, depuis Siam jusqu'à la Californie, ta bonté qui nous a donné cet instant !

CHAPITRE XXIV.

Postscriptum.

TAndis qu'on travaillait à cet ouvrage, dans l'unique dessein de rendre les hommes plus compatissans & plus doux, un autre homme écrivait dans un dessein tout contraire; car chacun a son opinion. Cet homme faisait imprimer un petit Code de persécution, intitulé, *L'accord de la religion & de l'humanité*: (c'est une faute de l'imprimeur, lisez *de l'inhumanité.*)

L'auteur de ce saint libelle s'appuie sur *St. Augustin*, qui après avoir prêché la douceur, prêcha enfin la persécution, attendu qu'il était alors le plus fort, & qu'il changeait souvent d'avis. Il cite aussi l'Evêque de Meaux *Bossuet*, qui persécuta le célèbre *Fénélon* Archevêque de Cambrai, coupable d'avoir imprimé que Dieu vaut bien la peine qu'on l'aime pour lui-même.

Bossuet était éloquent, je l'avoue; l'Evêque d'Hippone, quelquefois inconséquent, était plus disert que ne sont les autres Africains, je l'avoue encore ; mais je prendrais la liberté de leur dire avec *Armande* dans les *Femmes ſçavantes*,

> Quand ſur une perſonne on prétend ſe régler,
> C'eſt par les beaux côtés qu'il faut lui reſſembler.

Je dirais à l'Evèque d'Hippone : Monſeigneur, vous avez changé d'avis, permettez moi de m'en tenir à vôtre premiére opinion ; en vérité je la crois la meilleure.

Je dirais à l'Evèque de Meaux : Monſeigneur, vous ètes un grand homme ; je vous trouve auſſi ſavant, poûr le moins, que *St. Auguſtin*, & beaucoup plus éloquent ; mais pourquoi tant tourmenter votre confrère, qui était auſſi éloquent que vous dans un autre genre, & qui était plus aimable ?

L'auteur du ſaint libelle ſur l'inhumanité n'eſt ni un *Boſſuet*, ni un *Auguſtin* ; il me parait tout propre à faire un excellent Inquiſiteur ; je voudrais qu'il fût à Goa à la tête de ce beau tribunal. Il eſt de plus homme d'Etat, & il étale de grands principes de politique. *S'il y a chez vous*, dit-il, *beaucoup d'hétérodoxes, ménagez les, perſuadez les ; s'il n'y en a qu'un petit nombre, mettez en uſage la potence & les galères, & vous*

vous en trouverez fort bien. C'eſt ce qu'il conſeille à la page 89. & 90.

Dieu merci, je ſuis bon Catholique; je n'ai point à craindre ce que les Huguenots appellent *le martire*: mais ſi cet homme eſt jamais premier Miniſtre, comme il parait s'en flatter dans ſon libelle, je l'avertis que je pars pour l'Angleterre, le jour qu'il aura ſes lettres patentes.

En attendant, je ne puis que remercier la Providence de ce qu'elle permet que les gens de ſon eſpèce ſoient toujours de mauvais raiſonneurs. Il va juſqu'à citer *Bayle* parmi les partiſans de l'intolérance; cela eſt ſenſé & adroit: & de ce que *Bayle* accorde qu'il faut punir les factieux & les fripons, nôtre homme en conclut, qu'il faut perſécuter à feu & à ſang les gens de bonne foi qui ſont paiſibles. *page* 98.

Preſque tout ſon livre eſt une imitation de l'apologie de la *St. Barthelemi.* C'eſt cet apologiſte ou ſon écho: Dans l'un ou dans l'autre cas, il faut eſpérer que ni le maître ni le diſciple ne gouverneront l'Etat.

Mais s'il arrive qu'ils en ſoient les maîtres, je leur préſente de loin cette requête, au ſujet de deux lignes de la page 93. du saint libelle.

Faut-il sacrifier au bonheur du vingtiéme de la nation, le bonheur de la nation entière?

Supposé qu'en effet il y ait vingt Catholiques Romains en France contre un Huguenot, je ne prétens point que le Huguenot mange les vingt Catholiques; mais aussi, pourquoi ces vingt Catholiques mangeraient-ils ce Huguenot? & pourquoi empêcher ce Huguenot de se marier? N'y a-t-il pas des Evêques, des Abbés, des moines qui ont des terres en Dauphiné, dans le Gévaudan, devers Agde, devers Carcassonne? Ces Evêques, ces Abbés, ces moines, n'ont-ils pas des fermiers qui ont le malheur de ne pas croire à la transsubstantiation? N'est-il pas de l'intérêt des Evêques, des Abbés, des moines, & du public, que ces fermiers ayent de nombreuses familles? N'y aura-t-il que ceux qui communieront sous une seule espèce à qui il sera permis de faire des enfans? En vérité, cela n'est ni juste, ni honnête.

La révocation de l'Edit de Nantes n'a point autant produit d'inconvéniens qu'on lui en attribue, dit l'auteur.

Si en effet on lui en attribue plus qu'elle n'en

a produit, on exagère; & le tort de presque tous les historiens est d'exagérer; mais c'est aussi le tort de tous les controversistes de réduire à rien le mal qu'on leur reproche. N'en croyons ni les docteurs de Paris, ni les prédicans d'Amsterdam.

Prenons pour juge Mr. le Comte d'*Avaux*, Ambassadeur en Hollande depuis 1685. jusqu'en 1688. Il dit, *page* 181. *Tom.* 5. qu'un seul homme avait offert de découvrir plus de vingt millions, que les persécutés faisaient sortir de France. *Louïs XIV.* répond à Mr. d'*Avaux*: *Les avis que je reçois tous les jours d'un nombre infini de conversions, ne me laissent plus douter que les plus opiniâtres ne suivent l'exemple des autres.*

On voit par cette lettre de *Louïs XIV.* qu'il était de très bonne foi sur l'étendue de son pouvoir. On lui disait tous les matins, Sire, vous êtes le plus grand Roi de l'univers; tout l'univers fera gloire de penser comme vous, dès que vous aurez parlé. *Pélisson* qui s'était enrichi dans la place de premier commis des finances, *Pélisson* qui avait été trois ans à la Bastille comme complice de *Fouquet*, *Pélisson* qui de

Calviniſte était devenu Diacre & Bénéficier, qui faiſait imprimer des prières pour la Meſſe, & des bouquets à *Iris*, qui avait obtenu la place des Œconomats, & de convertiſſeur; *Péliſſon*, dis-je, aportait tous les trois mois une grande liſte d'abjurations à ſept ou huit écus la piéce, & faiſait accroire à ſon Roi, que quand il voudrait, il convertirait tous les Turcs au même prix. On ſe relayait pour le tromper: pouvait-il réſiſter à la ſéduction?

Cependant, le même Mr. d'*Avaux* mande au Roi qu'un nommé *Vincent* maintient plus de cinq cent ouvriers auprès d'Angoulême, & que ſa ſortie cauſera du préjudice. *page* 194. *Tom.* 5.

Le même Mr. d'*Avaux* parle de deux régimens que le Prince d'Orange fait déja lever par les officiers Français réfugiés: il parle de matelots qui déſertèrent de trois vaiſſeaux pour ſervir ſur ceux du Prince d'Orange. Outre ces deux régimens, le Prince d'Orange forme encor une compagnie de Cadets réfugiés, commandés par deux Capitaines, *page* 240. Cet Ambaſſadeur écrit encor le 9. Mai 1686. à Mr. de *Segnelay*, qu'*il ne peut lui diſſimuler la peine qu'il a de voir les manufactures de France s'établir en Hollande, d'où elles ne ſortiront jamais.*

Joignez à tous ces témoignages ceux de tous les Intendants du Royaume en 1698. & jugez ſi la révocation de l'Edit de Nantes n'a pas produit plus de mal que de bien, malgré l'opinion du reſpectable auteur de *l'accord de la religion & de l'inhumanité.*

Un Maréchal de France connu par ſon eſprit ſupérieur, diſait, il y a quelques années, *Je ne ſais pas ſi la dragonade a été néceſſaire, mais il eſt néceſſaire de n'en plus faire.*

J'avoue que j'ai cru aller un peu trop loin, quand j'ai rendu publique la lettre du correſpondant du Père *Le Tellier*, dans laquelle ce congréganiſte propoſe des tonneaux de poudre. Je me diſais à moi-même, On ne m'en croira pas, on regardera cette lettre comme une piéce ſupoſée : mes ſcrupules heureuſement ont été levés, quand j'ai lu dans *l'accord de la religion & de l'inhumanité*, pag. 149. ces douces paroles :

L'extinction totale des Proteſtans en France, n'affaiblirait pas plus la France, qu'une ſaignée n'affaiblit un malade bien conſtitué.

Ce Chrétien compatiſſant, qui a dit tout-à-l'heure que les Proteſtans compoſent le vingtiéme de la nation, veut donc qu'on répande le ſang de cette vingtiéme partie, & ne regarde cette opération que comme une ſaignée d'une palette! Dieu nous préſerve avec lui des trois vingtiémes!

Si donc cet honnête homme propoſe de tuer le vingtiéme de la nation, pourquoi l'ami du Père *Le Tellier* n'aurait-il pas propoſé de faire ſauter en l'air, d'égorger & d'empoiſonner le tiers? Il eſt donc très vraiſemblable que la lettre au Père *Le Tellier* a été réellement écrite.

Le ſaint auteur finit enfin par conclure que l'intolérance eſt une choſe excellente, *parce qu'elle n'a pas été*, dit-il, *condamnée expreſſément par* JESUS-CHRIST. Mais JESUS-CHRIST n'a pas condamné non plus ceux qui mettraient le feu aux quatre coins de Paris; eſt-ce une raiſon pour canoniſer les incendiaires?

Ainſi donc, quand la nature fait entendre d'un côté ſa voix douce & bienfaiſante, le fanatiſme, cet ennemi de la nature, pouſſe des hurlemens; & lorſque la paix ſe préſente aux hommes, l'intolérance forge ſes armes. O vous, arbitres des nations, qui avez donné la paix à l'Europe, décidez entre l'esprit pacifique, & l'esprit meurtrier.

CHAPITRE XXV.

Suite & Conclusion.

NOus aprenons que le 7. Mars 1763. tout le Conseil d'Etat assemblé à Versailles, les Ministres d'Etat y assistant, le Chancelier y présidant, Mr. *de Crosne*, maître des requêtes, raporta l'affaire des *Calas* avec l'impartialité d'un Juge, l'exactitude d'un homme parfaitement instruit, & l'éloquence simple & vraye d'un orateur homme d'Etat, la seule qui convienne dans une telle assemblée. Une foule prodigieuse de personnes de tout rang attendait dans la galerie du château la décision du Conseil. On annonça bientôt au Roi que toutes les voix, sans en excepter une, avaient ordonné que le Parlement de Toulouse enverrait au Conseil les piéces du procès, & les motifs de son arrêt, qui avait fait expirer *Jean Calas* sur la roue; Sa Majesté aprouva le jugement du Conseil.

Il y a donc de l'humanité & de la juſtice chez les hommes ! & principalement dans le Conſeil d'un Roi aimé, & digne de l'être. L'affaire d'une malheureuſe famille de citoyens obſcurs a occupé Sa Majeſté, ſes Miniſtres, le Chancelier, & tout le Conſeil, & a été diſcutée avec un examen auſſi réfléchi que les plus grands objets de la guerre & de la paix peuvent l'être. L'amour de l'équité, l'intérêt du genre humain ont conduit tous les Juges. Graces en ſoient rendues à ce Dieu de clémence, qui ſeul inſpire l'équité & toutes les vertus !

Nous l'atteſtons, que nous n'avons jamais connu ni cet infortuné *Calas* que les huit Juges de Toulouſe firent périr ſur les indices les plus faibles, contre les ordonnances de nos Rois, & contre les loix de toutes les nations ; ni ſon fils *Marc Antoine*, dont la mort étrange a jetté ces huit Juges dans l'erreur ; ni la mère, auſſi reſpectable que malheureuſe ; ni ſes innocentes filles, qui ſont venues avec elle de deux cent lieues mettre leur déſaſtre & leur vertu au pied du trône.

Ce Dieu ſait que nous n'avons été animés que d'un eſprit de juſtice, de vérité & de paix, quand nous avons écrit ce que nous pensons de la tolérance, à l'occasion de *Jean Calas*, que l'esprit d'intolérance a fait mourir.

Nous n'avons pas cru offenser les huit Juges de Toulouse, en disant qu'ils se sont trompés, ainsi que tout le Conseil l'a présumé : au contraire, nous leur avons ouvert une voie de se justifier devant l'Europe entiére : cette voye est d'avouer que des indices équivoques, & les cris d'une multitude insensée, ont surpris leur justice, de demander pardon à la veuve, & de réparer autant qu'il est en eux la ruine entiére d'une famille innocente, en se joignant à ceux qui la secourent dans son affliction. Ils ont fait mourir le pére injustement, c'est à eux de tenir lieu de pére aux enfans, supofé que ces orphelins veuillent bien recevoir d'eux une faible marque d'un très juste repentir. Il sera beau aux Juges de l'offrir, & à la famille de le refuser.

C'est surtout au Sr. *David* Capitoul de Toulouse, s'il a été le premier persécuteur de l'innocence, à donner l'exemple de remords. Il insulta un pére de famille mourant sur l'échafaut. Cette cruauté est bien inouïe ; mais puisque Dieu pardonne, les hommes doivent aussi pardonner à qui répare ses injustices.

On m'a écrit du Languedoc cette Lettre du 20. Février 1763.

. . . .

Vôtre ouvrage sur la tolérance me parait plein d'humanité, & de vérité; mais je crains qu'il ne fasse plus de mal que de bien à la famille des Calas. *Il peut ulcérer les huit Juges qui ont opiné à la roue; ils demanderont au Parlement qu'on brule vôtre livre; & les fanatiques, car il y en a toujours, répondront par des cris de fureur à la voix de la raison &c.*

Voici ma réponse.

Les huit Juges de Toulouse peuvent faire bruler mon livre s'il est bon; il n'y a rien de plus aisé: on a bien brulé les Lettres provinciales *qui valaient sans doute beaucoup mieux: Chacun peut bruler chez lui les livres & papiers qui lui déplaisent.*

Mon ouvrage ne peut faire ni bien ni mal aux Calas *que je ne connais point. Le Conseil du Roi impartial & ferme, juge suivant les loix, suivant l'équité, sur les piéces, sur les procédures, & non sur un écrit qui n'est point juridique, & dont le le fonds eſt abſolument étranger à l'affaire qu'il juge.*

On aurait beau imprimer des in-folio pour ou contre les huit Juges de Toulouſe, & pour ou contre la tolérance; ni le Conſeil, ni aucun tribunal ne regardera ces livres comme des piéces du procès.

Cet écrit ſur la tolérance eſt une requête que l'humanité préſente très humblement au pouvoir & à la prudence. Je ſéme un grain qui poura un jour produire une moiſſon. Attendons tout du tems, de la bonté du Roi, de la ſageſſe de ſes Miniſtres, & de l'eſprit de raiſon qui commence à répandre partout ſa lumière.

La nature dit à tous les hommes: Je vous ai tous fait naître faibles & ignorans, pour végéter quelques minutes ſur la terre, & pour l'engraiſſer de vos cadavres. Puiſque vous êtes faibles, ſecourez vous; puiſque vous êtes ignorans, éclairez vous & ſuportez vous. Quand vous ſeriez tous du même avis, ce qui certainement n'arrivera jamais, quand il n'y aurait qu'un ſeul homme d'un avis contraire, vous devriez lui pardonner; car c'eſt moi qui le fais penſer comme il penſe. Je vous ai donné des bras pour cultiver la terre, & une petite lueur de raiſon pour vous conduire: j'ai mis dans vos cœurs un germe de compassion pour vous aider les uns les autres à supporter la vie. N'étouffez pas ce germe ; ne le corrompez pas ; apprenez qu'il est divin ; & ne substituez pas les misérables fureurs de l'école à la voix de la nature.

C'est moi seule qui vous unis encor malgré vous par vos besoins mutuels, au milieu même de vos guerres cruelles si légérement entreprises, théatre éternel des fautes, des hazards & des malheurs. C'est moi seule qui dans une nation arrête les suites funestes de la division interminable entre la Noblesse & la Magistrature, entre ces deux Corps & celui du Clergé, entre le bourgeois même & le cultivateur. Ils ignorent tous les bornes de leurs droits ; mais ils écoutent tous malgré eux à la longue ma voix qui parle à leur cœur. Moi seule, je conserve l'équité dans les tribunaux, où tout serait livré sans moi à l'indécision & aux caprices, au milieu d'un amas confus de loix faites souvent au hazard, & pour un besoin passager, différentes entre elles de province en province, de ville en ville, & presque toujours contradictoires entre elles dans le même lieu. Seule je peux inspirer la justice, quand les loix n'inspirent que la chicane : celui qui m'écoute, juge toujours bien : & celui qui ne cherche qu'à concilier des opinions qui se contredisent, est celui qui s'égare.

Il y a un édifice immense dont j'ai posé le fondement de mes mains ; il était solide & simple, tous les hommes pouvaient y entrer en sûreté ; ils ont voulu y ajouter les ornemens les plus bizarres, les plus grossiers & les plus inutiles ; le bâtiment tombe en ruine de tous les côtés ; les hommes en prennent les pierres, & se les jettent à la tête ; je leur crie, Arrêtez, écartez ces décombres funestes qui sont votre ouvrage, & demeurez avec moi en paix dans l'édifice inébranlable qui est le mien.

F I N.

NB. On croit s'être trompé à la page 118. où l'on cite le 39me chapitre d'*Ezéchiel*, qui promet qu'*on mangera le cheval & le cavalier, & qu'on boira le sang des princes.* Cette promesse est faite par le prophête aux animaux carnassiers. Dieu lui ordonne d'abord de dire à tous les oiseaux & aux bêtes des champs, *Accourez aux victimes que je vous immole*, &c. Il y a quatre versets dans lesquels le prophête promet cette nourriture de sang & de carnage. Les deux derniers versets, c'est-à-dire, le 19. & le 20. peuvent s'adresser aux Juifs comme aux vautours & aux loups ; mais les commentateurs les appliquent seulement aux animaux carnassiers.

ERRATA.

Pag. 19. *lig.* 14. qui cacherait, *lisez*, qui cacheraient.

p. 45. *l. pénultième.* Doutcin, *lisez*, Doucin.

p. 52. *l.* 16. qu'il eut deux cent vingt voix, *lisez*, qu'il eut d'abord deux cent vingt voix.

p. 70. *l.* 10. on y place, *lisez*, on place.

p. 80. *l.* 8. Doromase, *lisez*, d'Oromase.

p. 96. *l.* 2. se déclara, *lisez*, se déclarât.

p. 102. *l.* 15. le bouc Hazael, *lisez*, le bouc Hazazel.

p. 125. *l.* 11. les essaims, *lisez*, les essains.

p. 141. *l.* dernière. *Ducunt nolentem fata, volentem trahunt*, corrigez, *Ducunt volentem fata, nolentem trahunt.*

p. 149. *l.* 17. & 18. ces exems, *lisez*, ces exemperfécution-, *lisez*, perfécutions.

www.ingramcontent.com/pod-product-compliance
Ingram Content Group UK Ltd.
Pitfield, Milton Keynes, MK11 3LW, UK
UKHW022051190726
13855UKWH00002B/468